우리는 조금 서툴렀을 뿐이야

차례

1장. 과거, 사랑이라 믿었던 날들

함께라 빛났던 일상	8
내가 사랑이라고 믿었던 방식들	10
사랑이라 믿었기에, 이 정도는	14
혼자서만 애쓰는 기분	17
상처받고도 괜찮은 척했던 이유	19
다시 돌아올까, 놓지 못한 말들	22
빈말이라도 사랑한다 말해줘	25
내가 괜찮아질 때까지만, 조금만 기다려줘	28
사랑했지만…지쳐버린 나	31
서둘러, 잃어버린 사랑	33

2장. 이별 앞에서, 마음이 흐르던 시간들

우리가 '끝났구나' 싶었던 그 순간	38
내가 손 놓으면 끝나는 관계	41
미숙했던 우리, 그때 하지 못한 말	44
식어가는 마음이 쌓여 만든 끝	48
마음이 무너지는 과정들	52
감정의 파도, 후폭풍처럼 밀려오던 그날들	56
부정, 분노, 타협, 우울, 수용 그리고 다시 그리움	58
그땐 왜 그렇게 힘들었을까	65
이별 후, 조금씩 괜찮아지는 법	68
어쩌면, 가장 합리적인 이별이었을지도	71

3장. 지금, 사랑을 다시 바라보는 순간들

평범한 순간에 스며든 사랑	76
네가 웃으면 나도 웃게 돼	78
사랑이 나를 바꾼 시간들	80
놓여진 내가 아닌, 빛나는 나로	82
미안함이 남긴 자리	84
한 사람을 알아간다는 일	87
사랑은 순간을 지나 과정이 된다	89
내 마음을 정직하게 들여다볼 용기	91
이별의 끝에서 마주한 것	94

4장. 앞으로의 사랑, 나의 마음에게

쏟아내던 마음에서 균형으로	102
사랑의 모양을 찾아	105
숨기지 않고 사랑받고 싶어서	108
당신이 어디서든 잘 살기를	110
시작할 마음이 생겼다는 것	112
그럼에도 불구하고	114
잘하고 싶지만 애쓰지 않기로 해	116

1장 과거, 사랑이라 믿었던 날들

- 함께라 빛났던 일상

 그 사람과 함께였기에 행복했던 기억이 있다. 특별할 것 하나 없는 평범한 카페라도 혼자였다면 아마 별 감흥 없이 지나쳤을지도 모른다. 하지만 그 사람과 함께였기에 모든 것이 특별해졌다. 카페 구석의 작은 장식 하나까지도 "이거 귀엽다, 여긴 참 분위기가 좋다"라며 의미를 부여하고, 평범한 순간조차도 함께한 그 시간 때문에 특별한 기억으로 남았다.

 커피 맛이 썩 훌륭하지 않아도 서로 "네가 만든 게 더 맛있다"라며 농담을 주고받았다. 어쩌면 유치할 수도 있는 그런 대화가 우리 사이를 더 가깝고 즐겁게 만들었다. 서로 마주 보며 "다신 여기 오지 말자" 하면서도 함께 웃었던 순간들. 그 작은 행복들은 그 사람이 곁에 있었기 때문에 가능했던 일이다.

 그렇게 사소한 것에 '너'라는 사람이 섞이는 순간, 나의 일상이 너로 물들어가며 사랑이 스며가는 순간들이 소중했다.

하루는 내가 작은 상처를 입었을 때 그 사람이 집에 있다며 연고를 가져다줬다. 그런데 유난히 홀쭉한 연고의 모습이 이상하게 깨끗하고 새것처럼 보였다. 나중에야 알게 된 사실이지만, 그 사람은 사실 나를 위해 일부러 약국에서 새 연고를 사서 가져온 것이었다. 하지만 쑥스러웠던 그 마음에 일부러 연고를 반쯤 짜서 마치 원래 있었던 것처럼 건넸다. 그 이야기를 듣는 순간 너무 좋아하지만, 그 마음을 담담히 표현하고 싶었을 그 사람의 조심스럽고 서툴렀던 표현 방식이 너무 귀엽고 사랑스러웠다.

마음을 온전히 표현하기에는 너무 뜨거워서, 조금씩 식혀 전해야 했던 그 사람의 서투른 배려와 사랑은 오히려 내 마음속에 더 깊고 따뜻하게 남았다. 그렇게 하나씩 쌓인 추억들은 어느새 내 마음속에 커다란 사랑으로 자리 잡았다. 그런 순간들도 다 사랑이었다.

- 내가 사랑이라고 믿었던 방식들

 나는 늘 상대에게 맞추는 연애를 했다. 상대의 감정에 따라 내 감정이 결정되고 상대가 행복하면 내가 행복할 거라 믿었던, 나보다 그가 우선되는 연애. 나는 그런 연애를 했다.

 처음엔 나의 배려를 따뜻하게 받아주던 사람들이 시간이 흐르면서 점점 그 마음을 당연하게 여기기 시작했다. 하지만 나는 이미 시작한 사랑을 놓지 못하고 끝까지 붙들고 있었다. 그렇게 진심을 다했지만, 마음은 닿지 못해, 결국 나만 아프고 나만 상처받는 연애가 반복되었다. 당시 그게 사랑이라고 믿었고 그렇게 누군가를 사랑할수록 내가 점점 작아졌다.

 어떤 때는 마음이 이미 멀어진 걸 알면서도 내가 먼저 이별을 말하지 못했다. 그 사람이 먼저 말하기를 기다리며 하루하루 긴장했고, 역설적으로 그 과정에서 또다시 혼자 상처받았다. 그렇게 아픈 시간조차 사랑의 일부라며 스스로 달랬다.

마음이 커져 호감에서 사랑이라 생각이 드는 순간부턴 사랑에 무게를 두었다. 사랑한다면 당연히 그래야 한다는 생각에 항상 상대의 좋은 모습만 보려고 애썼다. 사랑이라는 이름 아래 내가 더 참고, 더 희생해야 한다고 생각했다. 하지만 늘 좋을 수는 없기에, 갈등이 생길 때면 상대의 마음을 먼저 이해하려 노력했고, 나 자신을 돌아보며 내 탓을 하기도 했다. 내가 더 성숙했다면, 내 마음이 더 넓었다면 이런 일로 흔들리지 않았을 거라며 나를 책망했다.

그렇게 자꾸만 나를 돌아볼수록 나는 점점 더 외로워졌다. 상대의 무심함과 덤덤함을 이해하기 위해 사랑의 크기가 다를 뿐이라고 합리화했다. 언젠가, 상대방의 마음이 나와 같아질 거라며 나를 다독이며 기다렸다. 내가 조금만 더 노력하면, 시간이 지나면 언젠가 그 사람도 내 진심을 알아줄 거라며 나를 설득했다.

하지만 상대를 배려하고 포용하려는 마음만 있고 단호함은 없었기에 그 포용력은 결국 독이 되었다. 나는 꽤나 매력적이고 괜찮은 사람인데, 상대를 위한 희생과 배려가 내 본연의 매력과 설렘마저 희미하게 만들었다. 적당한 긴장감도, 간질거리는 설렘도 오롯이 나 혼자만의 몫이었다.

상대에게 깊이 빠진 마음을 들키지 않으려 더 조심했고, 그렇게 노력하는 동안 점점 지쳐갔다.

나를 지워가며 하는 연애 속에 결국 본연의 나는 사라졌고 그렇게 시간이 흐른 뒤, 끝은 예상대로 늘 이별이었다.

한번 시작된 관계에서 내 진심이 닿길 바라며 항상 최선을 다했기에 상대는 나의 마음을 의심할 필요조차 없었다. 나의 진심은 전달되었지만, 그 마음은 상대에게 닿지 않았다. 그렇게 진심은 고마움으로만 남고 그 이상의 감정으로 자라지 못해버렸다. 상대는 내 신뢰와 안정된 관계보다 설렘과 두근거림의 사랑을 더 원했던 건지도 모른다. 아무리 괜찮은 사람이어도 마음이 움직이지 않으면 결국 함께할 미래는 없으니까.

어쩌면 나의 사랑은 처음부터 아프기로 정해져 있었던 건지도 모르겠다. 다만 내가 모든 것을 주려던 그 순간들이, 상대가 스스로 나를 알아가고 사랑하는 마음을 키울 기회를 빼앗아 버린 건 아닐까 돌아본다. 사랑은 혼자서 채울 수 없고, 결국 함께 채워가야 하는데 내가 혼자서 모든 걸 해내려 하면서, 우리의 균형을 스스로 무너뜨리고 말았다.

나는 그렇게 사랑을 해왔다.

- 사랑이라 믿었기에, 이 정도는

 유독 추웠던 어느 겨울밤, 작은 자취방에서 따뜻한 이불에 둘러앉아 치킨을 먹고 있었다. 행복하게 웃고 떠들다가 문득 콜라가 부족하다는 걸 알았다. 밤늦은 시간, 집에는 더 이상 마실 것이 없었고, 아직 남은 치킨이 아깝게 느껴졌다. 사실 안 먹어도 큰일 날 건 아니었지만, 누군가가 "콜라 먹고 싶다"라고 중얼거린 순간, 나는 습관처럼 "내가 사올까?"라고 말해버렸다.

 "어? 그래줄래?" 돌아온 대답은 생각보다 너무나 가벼워서, 기대했던 말이 아니라는 걸 깨닫자, 마음 한구석이 차갑게 식었다.

 편의점까지 겨우 걸어서 10분. 그 짧은 거리가 왜 그리 멀게 느껴졌던 걸까. 빈말이라도 "같이 갈까?" 딱, 그 한마디로 나는 기꺼이 혼자 다녀왔을 텐데. 아무리 추워도 너와 함께라면 따뜻해질 수 있었을 텐데, 그런 말은 끝내 나오지 않았다. 결국 나는 내가 내뱉은 말을 책임지듯 혼자 밤공기를 가르며 편의점으로 향했다.

우습게도 난, 그 순간에도 나의 이런 행동과 마음이 사랑인 줄 알았다. 추운 길을 걷는 내 모습마저 낭만적이라 생각했고, 누군가를 위해 무언가를 할 수 있는 내가 대견하고 멋있다고 스스로 속이며 걸었다. 결국 혼자 편의점으로 향하게 만든 상대방에게 서운해 하면서도, 우리는 아직 어리니까 미성숙해서 그런 거라며 그 사람은 바라지도 않은 이해를 했다. 내가 이렇게 하면 분명 고마워하겠지, 감동하겠지, 나중엔 알아줄 거라 기대했다. 그때 나는 내 전부를 줘도 아깝지 않은 게 진짜 사랑이라고 믿었기 때문이다.

그런데 어느 순간부터 '내가 이렇게까지 했는데, 이만큼 사랑하는데…' 마음속에서 보상을 기대하는 생각이 점점 커졌다. 나 또한 미성숙했기에 상대가 알아주지 않을 때마다 속에선 서운함이 쌓여갔고 그 서운함은 결국 원망으로 바뀌어 내 마음을 할퀴었다. 나를 잃어가며 조건없이 주는 사랑은 결국 나를 무너뜨리고 말았다. 상대는 달라고 한 적 없었지만 나는 마음대로 주고, 마음대로 기대했던 셈이다.

나를 지키지 못하면서 상대만 바라보던 내가 정말 그 사람을 사랑한 게 맞을까. 어쩌면 그저 사랑받고 싶은 마음이었을지도 모르겠다. 사랑이라 믿었던 그 순간에 나는 그렇게 나를 잃어갔다. 나를 잃어가며 지키는 것은 사랑이 아니라 욕심이었고, 계산이었고, 자기기만이었다.

그때의 나를 조금 더 사랑해 줬다면 좋았을걸. 왜 그렇게 간이고 쓸개고 다 내주면서까지 애썼던 걸까. 내 마음이 닿을 수 있는 선을 알고, 내 가치가 흔들리지 않을 정도로만 사랑해야 했다.

넘치도록 사랑을 줘본 만큼 후회도 했으니, 이제는 나 자신을 지키면서 누군가를 진심으로 사랑하는 법을 천천히 배워가고 있다. 배려가 나쁜 건 아니지만, 모든 것을 내줄 필요는 없으니까.

- 혼자서만 애쓰는 기분

 먼저 다가와 마음을 흔들어놓고는 어느 순간 권태로움을 느끼고 있는 상대를 발견했을 때, 가장 먼저 드는 생각은 '내가 더 좋아하는 건 아닐까.'이다.

 내게 먼저 손을 내밀었던 그 사람은 평생 곁에 있을 것처럼 행동했지만, 언젠가부터 그의 관심은 나를 향하지 않았다. 처음에는 서로의 모든 것을 궁금해하고 묻지 않아도 하루의 모든 순간을 나누던 시간이 있었다. 우리의 일상을 공유하던 그 따뜻했던 순간들 속에서, 나는 언제나 변함없이 그 자리에 있었지만, 그는 서서히 멀어져 갔다.

 단순히 연락이 줄어든 것 때문이 아니었다. 그가 더 이상 나의 하루에 대해 궁금해하지 않는 순간이 늘어갈수록 나 혼자 애쓰고 있다는 느낌이 들었다. 함께 좋아한다고 생각했는데, 그 마음의 균형을 잃은 시점이 언제였는지, 아님, 처음부터 나 혼자 더 사랑하는 건 아닌지 의심이 들었다.

 시간이 지날수록 내 마음은 더 커져만 갔고, 그 사람은 점점 거리를 두려고 했다. 한쪽으로 기운 관계에서 중심을 잃고 흔들렸다. 더 좋아하는 사람이 결국 지는 거라면, 미련 없이 최선을 다해야 한다고 생각했다. 내가 할 수 있는 사랑하는 방법은 그것뿐이었다. 내 마음이 커질수록 점점 무력해졌고, 그 사랑에 취해 스스로가 상처받고 있다는 것을 깨닫지 못했다.

지금 당장 나를 사랑하지 않아도 이건 우리 둘 사이의 권태감이라 생각했고 결국 이겨낼 수 있을 거라고 믿었다. 그 과정에서 충분한 대화보다는 나의 인내가 더 컸기에 관계를 유지하고 싶은 그 욕심이 결국 나를 더 깊은 상처 속으로 밀어 넣었다. 그저 내가 더 사랑한다는 사실을 일찍 인정하고 받아들였다면, 나의 사랑이 욕심으로 변질되지 않고 순수했던 처음 그대로 남을 수 있었을지도 모른다.

어쩌면 이별은 사랑의 균형을 잃어버린 순간부터 이미 예견된 것이었는지도 모른다. 나만 더 좋아했다는 사실을 인정하는 순간이 더 빨리 찾아왔더라면, 나는 덜 아팠을까.
지금 돌이켜 생각하면, 상대가 한발 물러섰을 때, 나 역시 함께 물러나 잠시 숨을 돌렸다면 우리의 관계는 좀 더 괜찮은 끝을 맺을 수 있지 않았을까 한다.

- 상처받고도 괜찮은 척했던 이유

 처음 그가 나를 존중하지 않는다고 느껴졌을 때 이미 마음속에서는 작고 미세한 균열이 생기기 시작했다. 하지만 난 그 균열을 모른 척했다. 아직 상대를 놓을 준비가 되지 않았고, 관계가 끝나는 것이 너무 두려웠기 때문이다.

 그때의 나는 상대의 말투와 행동을 살피곤 했다. 그의 기분에 따라 내 감정이 결정되는 나날이었다. 전화 한 통에도 기분이 나쁜지, 대화를 빨리 끝내고 싶어 하는 건 아닌지 끊임없이 눈치를 봤다. 그것이 내 자존심을 구기는 일이더라도 나는 당장 오늘을 넘기기 위해 나보다 늘 그 사람이 먼저였다.

 차갑고 건조한 말투에 마음이 위축될 때마다 내가 무엇을 잘못했는지 고민했다. 그는 지금 힘든 상황이라서 그런 거라고 자신을 위로하며 이해하려 애썼다. 상처받는 내 마음보다 그 사람의 상황을 먼저 배려했고, 좀 더 따뜻한 말을 건네려고 노력했다.
 그런 나의 노력은 그에겐 당연한 것이 되어버렸고 그 당연은 나에게 무거운 짐이 되어 되돌아왔다. 시간이 흐를수록 점점 더 내가 그에게 특별하거나 소중한 존재가 아니라는 것을 느꼈다. 그 사람에게 나는 언제든지 떠날 수 있고, 다른 사람으로 쉽게 대체할 수 있는 존재인 것 같았다. 그럼에도 나는 먼저 이 관계를 놓지 못했다.

나는 왜 먼저 놓지 못했던 걸까. 정말 사랑해서였을까, 아니면 그에게 익숙해진 탓이었을까. 어린 왕자의 여우처럼 그에게 길들여지도록 나를 허락한 것부터가 잘못이었을까. 서로가 세상에서 대체할 수 없는 그런 존재가 되길 바란 게 실수였을까. 잘못 길들여진 나는 그의 마음이 식어가는 모습을 바라보면서 서서히 말라갔다. 하지만 그렇게라도 곁에 머물고 싶었다. 내가 조금이라도 괜찮지 않다는 걸 상대가 알아버리면 관계가 바로 끝나버릴 것 같아서, 더욱 괜찮은 척 연기했다. 그렇게라도 곁에 있고 싶었다. 상처받으면서도 괜찮은 척했던 건 헤어짐에 대한 두려움과 아직 내가, 우리가 노력해 볼 수 있는 부분이 있지 않을까 하는 헛된 희망 때문이었다.

그 시절 나는 이 관계를 유지하는 것이 나를 지키는 유일한 방법이라고 믿었다. 떠나지 않는 것이 사랑이라 생각했다. 내 감정과 자존심을 무너뜨리면서까지 상대를 이해하고 용서하는 것이 배려이고 포용이며, 옳다고 착각했다. 하지만 나 스스로 나의 가치를 존중하지 못한다면 그 누구도 나를 배려하려 들지 않는다. 그러한 존중 없는 이해와 배려는 결국 나 자신을 천천히 무너뜨리는 일이었다.

어린 왕자의 여우가 그랬다. 길들인 것에 대해서는 영원히 책임을 져야 하는 것. 그리고 길들여지도록 자신을 허락한 사람은 반드시, 눈물 흘릴 각오를 해야 하는 것이라고.

- 다시 돌아올까, 놓지 못한 말들

 우리는 헤어질 때조차 서로에게 상처를 주지 않으려고 애썼다. 조용히, 아무 일도 없었던 것처럼 서로를 놓아주는 그 모습 때문에 오히려 더 아팠다. 그 순간 내가 얼마나 많은 말들을 마음속에 담고 있었는지, 그는 알지 못했다. 아니, 어쩌면 알면서도 모른 척한 것인지도 모른다. 돌아올지도 모른다는 희미한 가능성이 내 마음을 붙잡고 있었기에, 나는 수많은 말들을 입 밖으로 꺼내지 못했다. 상대가 흔들리며 이별을 이야기할 때, 나는 속으로 수없이 많은 이야기를 하면서도, 결국 아무 말도 하지 못하고 담담한 척했다.
 시간이 지나면서 그 놓지 못한 말들은 내 안에서 커져만 갔다. 이미 헤어진 그 사람과 만날 수도 없으면서, 우연히 스쳐 지나가는 순간을 기대하며 다시 마주칠 순간을 상상했다. 무슨 말을 먼저 할지 수백 번 고민했지만, 시간이 흐를수록 점점 자신이 없었다.

 처음엔 나의 부족함 때문이라 생각했다. 내가 더 나은 사람이 되고, 더 매력적인 사람이 되면 언젠가 그가 후회하고 돌아올 거라는 생각에 나 자신을 몰아붙였다. 우리가 엄

청나게 싸우고 서로를 증오하며 나쁘게 헤어진 게 아니니, 내가 더 나아지면 그 사람이 조금은 후회하지 않을까. 그리고 그가 떠난 이유가 잘못됐음을 증명할 수 있을 거라 믿었다.

하지만 그 헛된 기대가 커져 갈수록 내 자존감은 바닥으로 추락했다. 내 가치를 인정받기 위해 끝없이 노력했지만, 내 마음은 점점 더 공허해졌다. 기다리라 한 적 없는 그 사람을 기다리며 보내는 시간이 점차 고통으로 변해갔지만, 나는 그 아픔을 놓아줄 용기가 없었다. 그동안 내 마음속에는 미련과 후회만 깊이 쌓여갔다.

그러다 문득 나는 도대체 누구를 위해 이렇게 힘들어하고 있는지, 내가 노력하는 것은 무엇을 위한 것인지 의문이 들었다. 지금껏 나는 그 사람이 떠난 이유에 대해 나 자신만을 탓해왔다. 다른 것들에 화살을 돌리거나 비난할 수도 없었다. 심지어 그 사람조차도 말이다. 나는 나 자신을 탓하는 게 가장 쉽고 편리했다. 이상하게도, 그게 가장 마음 편했기 때문이다. 내 마음속 물음표를 계기로, 우리가 헤어진 이유에서 '나'를 빼보기로 했다. 그러자 신기하게도, 나를 탓할 때와는 다른 편안함이 찾아왔다. 우리는 내가 부족해서가 아니라, 단지 우리가 서로를 만난 시기와 방향이 맞지 않았을 뿐이었다. 이 단순한 진실을 받아들이기까지 너무 오랜 시간이 걸렸다. 사랑은 결국 서로의 손길과 마음이 만나는 타이밍의 문제였다는 것을 말이다.

 다시 돌아올지 모른다는 그 가능성에 기대었던 수많은 말들이 더 이상 나를 괴롭히지 않는다. 말하지 못했던 감정들은 나를 오래도록 붙잡아 왔지만, 이제는 그것들도 더 이상 나를 지배하지 못한다.
 그 놓지 못한 말들은 여전히 내 마음 어딘가에 남아 있겠지만, 이제는 굳이 붙들고 있지 않는다. 그냥, 그렇게 조용히 내 마음 한편에 머무르게 둔다. 억지로 떠나 보내지 않는다. 팽팽했던 풍선도 시간이 지나면 자연스럽게 바람이 빠지듯, 나도 그렇게 천천히 놓아두기로 했다. 나는 나를 위해서, 우리의 과거를 위해, 마음속 뭉쳐왔던 놓지 못한 모든 말들을 나만의 방식으로 놓아줄 수 있게 되었다.

- 빈말이라도 사랑한다고 말해줘

 연애를 시작할 때면 늘 불안했다. 당시 나는 자존감이 낮아 누군가가 나를 좋아한다고 다가오면 나는 그 순간부터 의심하기 시작했다. 도대체 어떤 이유에서 나를 좋아하는 걸까? 내가 가진 어떤 부분이 마음에 들었다는 걸까? 받아본 적 없는 온기가 낯설어 마음은 점점 불안해졌다. 누군가 내게 사랑을 준다고 할 때마다 그것은 마치 잠시 머물다가 떠나갈 준비를 하는 낯선 손님처럼 느껴졌다.

 관계 속에서 점점 내 마음이 커질수록, 그것을 들키는 게 두려워 오히려 더 거리를 두었다. 누군가를 더 좋아하는 마음을 들키는 순간 상대는 반드시 떠날 것이라는 잘못된 믿음에 사로잡혀 있었다. 나의 사랑은 조심스러웠고, 상대가 아무리 사랑을 표현해도 마음속 깊이 받아들이지 못했다. 오히려 작은 행동에도 이유 없이 트집을 잡아, 마음속으로 이별의 이유를 준비해 두었다. 그런 잘못된 방식으로 나 자신을 지키려 했다.

 사랑의 확인이 끊임없이 필요했던 내 마음은 상대와 다른 방향으로 자라났기에 우리 사이의 틈은 점점 더 벌어졌다. 나의 사랑이 커질수록 상대는 반대로 조심스러워졌다. 내가 그랬던 것처럼. 그렇게 상대의 사랑한다는 말에 담긴 감정이 변하고 있음을 알게 되었을 때는 이미 늦어 버렸다. 내 마음의 온도가 상대의 마음과 같지 않다는 사실을 깨달았을 때, 아무리 다가가려 해도 이미 멀어진 거리를 좁힐 수 없었다.

그때야 비로소 알았다. 상대가 곁에 있을 때 믿지 않았던 그 사랑이, 떠나고 나서야 진심이었다는 걸 말이다. 사랑받는 법을 몰라 마음의 가시만 세운 채로 나는 가장 소중한 순간을 놓쳐버렸다. 빈말이라도 다시 한번 사랑한다는 말을 듣고 싶었지만, 그럴 자격조차 없었다. 그럼에도 상대는 마지막까지 지금까지의 진심과 나를 생각한 말을 남겨주었다. 떠나가는 사람의 마지막 말이 너무나도 다정해, 오히려 더 아팠다.

사랑이란 믿음에서 시작되고, 상대를 향한 내 마음을 드러내야만 온전히 느낄 수 있는 감정이다. 제대로 된 사랑을 받아본 적 없다는 이유로 소중한 사랑을 의심했던 나는, 결국 가장 큰 사랑을 놓쳐버렸고 누군가를 진심으로 사랑하는 방법을 알게 된 것은 결국 그 아픈 상처 덕분이었다. 그래서 이제는 더 이상 빈말조차 들을 수 없게 되어 버린 그 사랑이, 뒤늦게 내게 가장 진실했던 사랑이었다는 걸 깨닫는다.

- 내가 괜찮아질 때까지만, 조금만 기다려줘

그 시절 나는 모래성 같았다. 자존감은 이미 무너져 있었고, 세상이 모두 나를 향해 등을 돌린 것 같은 기분이었다. 혼자서 감당하기 힘든 상황이 닥쳐올수록 나는 점점 더 상대에게 매달렸다. 마치 그 사람만이 유일한 희망이자 구원이 된 것처럼.

하지만 내가 매달릴수록 상대는 점점 더 멀어져 갔다. 이별의 순간이 가까워지는 것을 느끼면서도, 어쩔 수 없이 나는 더욱 강하게 매달렸다. 나는 이미 알고 있었다. 이런 태도가 우리 관계를 더 빨리 끝내버릴 것이라는 걸 말이다. 그런데도 어떻게 해야 좋을지 몰랐다. 그저 제발 지금은 나를 떠나지 말아 달라고, 내가 이렇게 힘들 때만큼은 내 곁에 있어 달라고 애원했다. 헤어질 때가 되었다는 걸 나도 머리로는 알고 있었지만, 감정은 전혀 따라가지 않았다.

그는 마음이 약한 사람이었지만, 그날만큼은 단호했다. 지금 당장 이별을 미룰 수 있겠지만 결국엔 더 큰 고통으로 돌아올 거라고 말하며 내 손을 놓았다. 오히려 지금 헤어지는 것이 지금 자신이 할 수 있는 최선이라며 내게 매몰차게 말했다. 그렇게 그는 내 손을 놓았다.

시간이 흐르고 그의 말대로 나는 결국 다시 일어나 걷기 시작했고, 어느 순간 뛰어도 좋을 만큼 회복된 날들도 있었다.

그러던 어느 평범한 하루 끝에, 문득 그 사람의 모습이 떠올랐다. 아무런 예고도 없이, 그저 일상의 한 조각에서 자연스레 그를 떠올렸다. 옆에 있던 사람의 소매 끝이 그의 손을 연상시켰고, 나는 다시 감정의 소용돌이에 휘말려 버렸다. 갑자기 눈물이 핑 돌며 떠오른 남자치고 유난히 하얗던 그의 손과 손 등위의 도드라진 혈관까지. 항상 먼저 따뜻하게 내 손을 잡아주던 그 손, 그리고 마지막 순간 차갑게 나를 놓아버린 그 손이 다시 선명하게 떠올랐다.

당시의 내가 얼마나 미숙했는지, 그에게 얼마나 간절하게 매달렸는지를 떠올리면 여전히 아련한 슬픔이 올라온다. 모든 자존심을 내려놓고 매달려 봤기에 완전히 잊을 수 있을 줄 알았다. 하지만 내 마음 어딘가 아직 해소되지 않은 감정이 남아 있었나 보다. 그렇지만 이 슬픔이 아주 아프지는 않다. 과거를 되돌아보며 그때 나의 미성숙함을 깨닫

계기가 되었고 지금 내가 성장했다는 것을 재확인할 수 있었으니까.

당장 내가 할 수 있는 건 다시 찾아온 이 감정을 조용히 받아들이고, 천천히 내려놓는 연습을 하는 것이다. 나는 그때보다 좀 더 괜찮아졌고, 그것만으로도 충분히 잘하고 있다고 위로한다.

- 사랑했지만… 지쳐버린 나

처음 사랑에 빠졌을 때는 그 감정이 영원할 것이라 확신했다. 사랑의 시작은 언제나 벅차고 설레었다. 내가 먼저 사랑을 시작했고, 그래서 더 많이 사랑한다고 확신했지만, 어느 순간부터 내 마음은 점점 지쳐가고 있었다. 사랑한다는 말이 점점 무겁고 버거워졌다. 시간이 지날수록 내가 상대에게 주는 사랑은 진심이었지만, 돌아오는 것은 늘 부족하게 느껴졌다. 점점 나는 사랑을 쏟아붓는 일이 마치 밑 빠진 독에 물을 붓는 것처럼 허망하게 느껴졌다.

서로에게서 기대했던 사랑의 형태가 달랐기에 우리는 점점 오해와 실망 속에서 헤매게 되었다. 분명 상대는 주었다고 했지만 내게 남은 기억은 없었고, 나 또한 분명 주었지만, 상대는 받지 못했다고 말했다. 서로가 원하는 사랑을 제대로 이해하지 못한 채, 우리의 감정은 점점 이기심으로 물들어갔다. 준 만큼 받지 못한 나는 지쳐갔고, 상대 역시 자신의 방식대로 주었으나 제대로 인정받지 못해 예민해져 있었다. 우리는 사랑이라는 감정에 취해, 처음 사랑을 시작할 때 가졌던 영원함의 착각에서 벗어나지 못했다. 서로를 변화시키고 성장시키는 관계를 꿈꿨지만, 현실은 오히려 반대였다. 점점 행복했던 시간은 짧아졌고, 대신 슬픔과 우울함이 자리를 채워갔다. 서로에게서 벗어나고 싶다는 마음을 가지면서도 쉽게 이별을 선택하지 못한 것은, 그 이별의 고통이 너무 두려웠기 때문이다. 아직 더 노력하면 나아질 거라는 막연한 희망을 품으며 우리는 이미 너무 멀어진 거리를 좁히지 못한 채 서로에게 상처를 주고 있었다.

사랑했지만 지쳐버린 나였고, 그 힘에 부치는 갈등의 반복들이 이별을 불렀다. 남은 건 마음 깊숙한 상처와, 쉽게 가라앉지 않는 아쉬움, 허전함 뿐이었다.

결국 우리는 사랑에 대한 책임과 배려, 그리고 관계를 마무리하는 성숙한 태도가 부족했다. 사랑했던 그 순간들의 감정은 진실되었지만, 그 끝을 제대로 정리하지 못해 오히려 서로에게 더 큰 아픔과 아쉬움만 남겼다. 그래서인지, 이 관계는 더 깊은 상처로 남았고, 더 오래 기억에 남는다.

- 서둘러, 잃어버린 사랑

 우리가 '우리'라는 이름으로 시작된 순간부터 나는 온 마음을 다해 사랑했다. 하지만 어쩌면 그것이 이별의 원인이었는지도 모르겠다. 처음부터 나는 다 주고 싶었고, 우리의 미래를 그리며 너무 서둘러 모든 것을 내어줬다. 조금이라도 궁금해할 틈도 주지 않고 그의 머릿속에, 나에 대한 호기심, 궁금증이 생기기도 전에 나의 모든 걸 알아서 챙겨줬다. 그렇게 그는 나에 대한 흥미가 잃어 갔을 거로 생각한다. 그리고 나는 점점 익숙하고 당연한 사람이 되어갔다.

 처음 우리가 서로에게 반했던 그 시절, 각자의 인생을 열정적으로 살아가는 독립적인 모습이 가장 큰 매력이었는데, 시간이 지날수록 나는 나 자신을 잃어갔다. 점점 상대에게 맞추는 일이 일상이 되었고, 그의 감정을 먼저 생각하느라 내 마음을 돌보지 못했다. 그렇게 나는 상대에게 '편안한 사람'이 아니라 '편리한 사람'이 되고 있었다.

 상대가 어떤 말을 해도 늘 이해하고 수용해 주는 내가, 어쩌면 너무 쉬운 사람으로 느껴졌을지도 모르겠다. 상대를 원망하고 싶었지만 결국 그런 환경을 만든 건 나 자신이었다. 그래서인지 그는 내 마음을 제대로 알 기회조차 없었을 거란 생각도 들었다. 결국 우리가 헤어진 건 조급했던, 요령 없던 나 때문이라는 생각에 그 사람을 미워할 수도 없었다. 헤어질 때 그가 했던 말은 아직도 내 기억 속에 선명하게 남아있다. 좋은 사람이지만 더 이상 사랑할 수 없다는 말이 얼마나 잔인한지 그 사람은 알고 있었을까. 부드러운 목소리로 이별을 전하는 그를 원망조차 할 수 없어서 더 아팠다.

가끔 그 시절로 다시 돌아가고 싶다고 생각한다. 만약 그럴 수 있다면, 이번엔 급하지 않게 천천히 마음을 주고 싶다. 왜 그때는 그토록 서두르며 내 모든 걸 보여주려 했을까. 물이 마르지도 않았는데 계속 물을 주고, 부족할까 봐 영양제도 꽂아주고, 햇볕을 잘 쬐게 한다며 이리저리 옮기느라 꽃이 피기도 전에 관계를 지쳐버리게 했다.

사랑은 조급하게 채우려 애쓰는 것이 아니라 천천히 자라나는 과정을 함께 지켜보고 기다리는 것이라는 걸. 다시 돌아간다면 조금 더 여유를 가지고, 상대의 마음도 나의 마음도 천천히 지켜볼 수 있는 그런 사랑을 하고 싶다.

2장 이별 앞에서, 마음이 흐르던 시간들

- 우리가 '끝났구나' 싶었던 그 순간

 나 혼자서만 상대를 궁금해하는 날들이 늘어갔다. 언제부턴가 연락도 늘 내가 먼저였고, 약속을 잡는 것도 항상 내 몫이었다. 만나면 시큰둥한 반응과 건성으로 던지는 짧은 대답들, 마지못해 대화를 이어가는 그의 모습에서 관계가 서서히 무너져가고 있다는 걸 느꼈다. 분명 특별한 이유가 없더라도 함께 이야기할 수 있었던 사이였는데, 이제는 "무슨 일이냐?"라며 용건부터 묻는 그의 태도에서 나는 더 이상 내가 알던 사람을 볼 수 없었다. 이별을 직감했지만 인정하고 싶지 않아서 질질 끌고 있는 나 자신이 참 미웠다.

 함께 있는데도 혼자인 것 같은 기분이 들 때, 내 말이 허공에서 맴돌다 사라지는 것처럼 느껴질 때, 나는 계속해서 나 자신을 의심하고 자책하기 시작했다. 그 사람은 늘 나를 웃게 하던 사람이었는데, 이제는 내가 무엇을 잘못했는지 생각하며 자꾸만 위축되었다. 그 작은 순간들이 차곡차곡 쌓여서 우리는 이미 끝을 향해 가고 있었다.
 누구도 먼저 이별을 꺼내지 못한 채, 서로 눈치만 보고 있었다. 보고 싶으면서도 막상 마주하면 어색하고 불편했던 우리는 결국 '시간을 갖자'라는 말로 각자의 마음을 정리할 여유를 만들었다. 하루아침에 이별하지 않고, 천천히 마음의 준비를 할 수 있었던 것이 차라리 다행이라 생각했지만, 그래도 이별은 역시 힘들었다.

현실에서는 헤어졌지만 내 마음속에서는 여전히 그 사랑이 끝나지 않은 채 이어졌다. 더 이상 만날 수 없다는 현실과는 달리, 내 기억 속 그 사람은 여전히 예전의 따뜻하고 행복했던 모습이었다. 변하기 전, 행복했던 그 순간들을 놓지 못해 이별을 받아들이는 것이 더욱 어려웠다.

하지만 결국 추억은 추억일 뿐, 현실은 멈추지 않고 흘러간다. 살아가기 위해서는 나도 나 자신을 위해 이별을 받아들여야 했다. 내 안의 진짜 나를 잃지 않기 위해서라도, 더 나은 사람으로 성장할 기회를 놓치지 않기 위해서라도, 과거의 아름다운 기억들은 소중히 간직한 채 놓아줄 필요가 있다.

끝내 놓지 못할 거라면, 차라리 아름다운 추억으로 묻어두는 것도 하나의 방법이라고 스스로 다독이며, 그렇게 이별을 받아들였다.

그래서 나는 그 사람이 문득 떠오를 때면, 그것이 끝난 인연이지만 '추억'이라는 이름으로 내 마음 어딘가에 여전히 보관되어 있기 때문이라고 생각하기로 했다. 기억과 현실 사이 문득 마음이 흔들리는 건, 잊지 못해서가 아니라 그만큼 행복했고, 소중했기 때문이라며 마음을 다독인다. 언젠가 시간이 흘러 추억조차 희미해지고, 그 사람의 이름마저 기억나지 않는 순간이 오더라도, 함께했던 그 따뜻한 감정만큼은 영원히 잊히지 않을 것 같다. 어쩌면 언젠가는 잊힐 거라는 생각조차, 그 기억을 더 선명하게 붙잡게 만드는 건 아닐까.

- 내가 손 놓으면 끝나는 관계

우리가 헤어졌다는 사실이 아픈 건, 그 이별 자체 때문만은 아니었다. 관계를 유지하고 있던 끈을 필사적으로 붙잡고 있던 사람이 오직 나 하나였다고 느끼는 그 순간의 초라함 때문이었다.

누군가와 함께하는 시간이 늘 행복하진 않았지만, 적어도 함께 있다는 사실만으로도 나름의 위안이 되었다. 그래서 이별을 쉽게 생각하지 않았다. 서로가 의지할 수 있는 존재라 생각했으니까. 하지만 어느 순간부터 그 위안이 불안과 초조함으로 바뀌기 시작했다.

나는 우리를 위해 더 애쓰고, 더 노력하며, 더 사랑하려 했다. 상대의 마음이 서서히 멀어지고 있다는 사실을 깨달으면서도 그 끝을 인정하기 싫어 외면하고 있었다. 내가 놓으면 끝나는 관계라, 그걸 알기에, 마음이 늘 공허하고 씁쓸했다. 내가 더 사랑한다는 사실이 마치 내가 미련스럽고 초라하게 만드는 것 같아 속상했지만, 끝을 인정하는 것이 더 두려웠다.

그렇게 수많은 '만약'들이 머릿속을 맴돌았다. '내가 조금 더 참았더라면', '조금 더 노력했더라면', '상대가 조금 더 다정했더라면'. 끝이 없는 질문들이 머릿속에서 이어졌고, 답이 없는 질문들 속에서 혼자 괴로워했다. 이성적으로는 이 관계가 끝나야 한다는 걸 알고 있었지만, 그 이후의 삶을 받아들이는 것이 더 두려워 현실을 부정하고 있었다. 나는 도저히 놓을 수 없어 계속 붙잡고만 있었다. 우리는 그렇게 이러지도, 저러지도 못한 채 하루하루를 낭비하고 있었다.

시간이 지나고 나서야 알게 됐다. 상대도, 나와는 다른 방식으로 우리의 관계를 지키기 위해 각자의 방식으로 노력하고 있었다. 다만 그 방식이 내 방식과 달랐던 것뿐이었다. 그는 서로에게 덜 상처받는 방향으로 천천히 생각하고 있었고, 나는 그 사실을 미처 몰랐다.

나는 내가 손을 놓으면 끝나는 줄 알았지만 그건 오만이었다. 내가, 이 관계를 끝까지 붙잡고 있다는 착각에 빠져, 나와는 다른 모양으로 나를 배려하고 지키려 애쓰고 있던 그의 모습을 보지 못했다. 그 마음을 미처 헤아리지 못한 채, 나만 고군분투했다고 여겼던 시간이 조금은 부끄럽게 느껴진다. 우리의 관계가 완전히 헛된 것은 아니었다는 것과 각자의 방식으로 서로를 생각하고 배려했다는 사실이 나에게는 커다란 위로가 되었다.

결국 서로의 손을 놓는다고 무너지는 게 아니다. 함께한 시간이 무의미하지 않았듯이, 이별은 내가 전부를 쥐고 있다가 놓아버린 결과도 아니었다. 각자의 몫으로 서로를 생각하고, 때로는 거리를 두며 상처를 덜기 위해 준비했던 우리의 선택이었다.

서로의 손을 조용히 놓던 순간, 지금까지 내가 미처 보지 못했던 상대의 노력과 진심이, 우리만의 사랑이 그제야 제대로 보였다. 우리는 결국 헤어졌지만, 내 마음은 마지막 그 진심과 배려로 위로받을 수 있었다.

- 미숙했던 우리, 그때 하지 못한 말

 처음 사랑을 시작할 땐 모든 순간이 특별하고 완벽했다. 서로의 작은 습관마저 사랑스럽게 느껴지던 그때, 이 감정이 영원할 거라고 믿었다. 하지만 시간은 잔인하게도 그 완벽함에 작은 균열을 만들어 놓았다. 처음엔 눈에 띄지 않을 만큼 미세한 틈이었지만, 시간이 흐를수록 그 간격은 점점 커졌다. 우리는 서로를 이해하지 못한 채 조금씩 상처를 주고받으며 지쳐가고 있었다.

 결국 먼저 이별을 고백했다. 눈부시게 아름답고 매력적이라 여겼던 모습들이 어느새 불편함과 답답함으로 변해갔다. 함께했던 순간들이 점점 흐릿해지고, 내가 꿈꾸던 우리의 미래도 더 이상 선명하지 않았다. 내 마음이 식어가는 걸 알면서도 나는 애써 모른 척하며 스스로를 속이고 있었다. 나는 '우리'라는 핑계를 대며 그저 이별을 미루고 있었다.

 상대방이 덜 아프기를 바라며, 조금이라도 더 나은 이별을 고민했지만, 그건 나를 위한 핑계일 뿐이었다. 그 사람의 슬픔이나 아픔보다는 내가 나쁜 사람으로 남지 않길 바랐던 나의 이기심이었다. 그와 직접 마주할 용기가 없었던 나는 결국 몇 번의 메시지와 전화 한 통으로 모든 것을 끝내 버렸다. 이별의 징후가 있었기 때문일까, 헤어짐의 대화에서 담담한 그였기에 우리가 같은 생각으로 이별을 받아들였다고 생각했다.

그렇게 헤어진 뒤, 그 사람은 오랫동안 아파했고 몇 번이고 나를 찾아왔다는 이야기를 전해 들었다. 그때의 나는 이미 마음을 정리한 상태였기에 그런 그의 모습이 부담스럽고 어색했다. 전화였지만 충분히 대화를 나눴다고 생각했고 그 대화에서 우리의 끝을 이해하고 받아들이는 것 같았기 때문이다.

하지만 시간이 흘러 내가 똑같은 상황에서 누군가에게 이별을 당했을 때, 그제야 비로소 그의 아픔을 온전히 이해하게 되었다. 단순히 헤어졌다가 아닌, '이별'이란 단어 속에 각자가 생각하는 무게는 너무나 다르다는 것을. 나에게 이별은 이미 오래전부터 마음속에서 서서히 정리해 온 결과였지만 상대에겐 갑작스러운 끝이라는 사실, 그것만으로 모든 것이 무너질 수 있다는 것을 그 당시의 나는 몰랐다.

아니 알려고 하지 않았다. 정말 이기적이게도 나는 내 감정만 정리되면 되는 줄 알았고, 그 사람도 같은 속도로 이별을 받아들일 거라고 착각했다.

같은 이별의 순간을 겪으면서도 전혀 다른 깊이로 새겨진 아픔은 때론 회복할 수 없을 만큼 쓰라리다. 그 착각이 결국 누군가에겐 깊은 상처가 된다는 걸, 그 누군가가 내가 될 수도 있다는 것을 나는 내가 겪어보고 나서야 알게 되었다. 홀로 남겨진 채로 아파했던 그의 마음이 이제야 선명하게 보였다. 나는 그때 얼마나 이기적이고 무책임했는지, 얼마나 잔인했는지를 뒤늦게 깨달았다.

매번 다른 사랑, 다른 이별을 겪으며 나는 매 순간 성장했다고 생각했다. 하지만, 결국엔 여전히 미숙했던 나를 마주했다. 행복했던 기억만큼이나 고통스러웠던 순간도 많았다. 그 모든 시간을 지나고 보니 내가 얼마나 부족한 사람이었는지, 얼마나 경솔했는지, 생각할수록 부끄럽고 후회된다. 나는 상처를 주고도 그 순간에는 내 잘못조차 똑바로 바라보지 못했고, 시간이 흘러서야 상대의 마음을 헤아릴 수 있게 되었다. 되돌릴 수 없는 과거라 내 목소리가 닿지 않겠지만, 이렇게라도 진심을 전하고 싶다.

"그때, 그저 내 감정이 힘들다는 이유로 너를 제대로 바라보지 못했어. 그렇게 쉽게 외면해서 미안해. 이제서야 너의 아픔을 알 것 같아. 늦었지만 정말 미안해."

- 식어가는 마음이 쌓여 만든 끝

 마음이 식는다는 것은, 뜨거웠던 마음이 조금씩 쌓여 결국 얼어붙어 가는 과정과도 같다.

 누군가를 사랑하기 시작하는 건 생각보다 쉽다. 첫 만남부터 이어지기까지 우리는 서로에게 좋은 모습만 보여주려 한다. 마치 그 모습이 나의 모든 것인 것처럼 말이다. 그렇게 순간의 설렘과 상대에 대한 막연한 기대감이 머릿속에서 부풀고, 그 사람에 대해 잘 알지 못하는 부분들마저도 매력으로 포장되어 간다.

 하지만 아이러니하게도 진정한 사랑의 시작은 서로의 마음을 확인한 그 순간이 아닌 상대를 있는 그대로 바라볼 수 있을 때, 그때 시작되는 게 아닌가 싶다. 첫인상에 가려, 내가 기대했던, 지레짐작했던 상대와 현실의 상대가 조금씩 달라지는 것을 알아차리는 순간, 분열이 일어나기 시작하기 때문이다.

 나는 그 차이를 인정하는 데 조금 서툴렀다. 내 마음속에 존재했던 상대의 모습과 현실 속 상대의 모습이 다르다는 걸 알아갈수록 실망감이 쌓였다. 그 사람의 잘못이 아닌

데, 오히려 내 마음대로 기대했던 것이었는데 말이다. 머릿속에 품었던 환상이 깨지는 과정은 서서히 이루어졌다. 작은 실망들이 쌓이고, 그 순간들을 솔직하게 마주하지 못한 채 모른 척 쌓아 두었다. 나는 있는 그대로의 그 모습을 사랑하지 못했다. 그렇게 그를 향한 마음은 조금씩 작아져 갔다. 이런 나 자신에 나 또한 혼란스러웠다 분명 좋아했는데, 진심이었는데, 어떻게 이렇게 마음이 식을 수 있지? 이 감정은 권태기일까? 상대도 같은 생각일까? 혹시 나만 이렇게 느끼고 있는 걸까?

이 감정을 그대로 말하면 안 될 것 같아, 혼자 생각에 생각을 거듭했다. 그 시간 속에서 나의 침묵과 외면은 상대를 더 아프게 했을지 모른다. 결국 나의 마음은 이별로 향하고 있었으니까.

그렇게 명확한 이유도 주지 못한 채, 상대를 위하는 듯한 말들로, 상황을 핑계로 이별을 둘러댄 순간도 있었다. 솔직하게 "마음이 식어 더 이상 함께할 수 없을 것 같다"라는 한마디가 어쩌면 더 배려심 있는 진실이었을지도 모르는데, 나는 결국 도망쳤다. 마주하기 어려운 진실을 피하려 했던 내 비겁함이 결국 상대방에게 혼란과 상처만을 남긴 것이다.

이별을 겪고 시간이 흐른 뒤야 비로소 그 마음을 이해하게 되었다. 이별의 이유를 제대로 알지 못하고 괜한 희망 고문에 혼자 고민하고 자책하는 일이 얼마나 힘든 것인지, 나 역시 그런 경험을 하고서야 비겁했던 그때의 내가 부끄러워졌다.

헤어짐 앞에 선 사람에게 진정 필요한 것은 애매한 위로나 변명이 아니라, 진실하고 명확한 말 한마디였음을, 함께했던 사랑의 끝에 다다랐을 때 중요한 것은 사랑했던 사람에 대한 '예의'라는 것을. 마음이 식었다면 그 마음을 솔직히 인정하고 분명히 전해야 한다는 것을. 관계를 끝내는 순간까지도 책임감 있게 마주하는 것이 결국 서로를 위한 최소한의 배려라 생각한다.

마주하기 어려운 진실 앞에서 나는 늘 회피하며 도망쳤었다. 이제는 마음이 식는다는 건 천천히 멀어져 가는 우리 마음 사이의 공간을 인정하는 것이라 생각한다. 그 과정에서 진정한 사랑으로 나아가지 못하고 끝내 이별의 순간이 올 수도 있다. 그 이별의 순간에, 서로에게 조금 더 다정할 수 있길, 시간이 흘러도 좋은 추억을 함께 만들었던 고마운 사람으로 남길 바란다. 언젠가 또 다른 누군가와의 사랑에

서는 있는 그대로의 상대를 바라보고 조금 더 솔직하게 임할 수 있기를, 그 사랑이 마음에 오래 머물 수 있기를 바란다.

- 마음이 무너지는 과정

 이별은 늘 주는 쪽과 받는 쪽의 구분이 모호하다. 때로는 내가 상처를 주는 사람이 되었고, 때로는 그 상처를 그대로 돌려받는 사람이 되기도 했다. 그 감정의 위치가 바뀔 때마다 나는 혼란스러웠다. 누군가를 밀어냈던 기억이 내 안에서 생생한데, 이번엔 내가 밀려나고 있는 듯한 기분이 드는 것이다.

 헤어진 후에 머리로는 이미 모든 걸 알고 있었다. 우리가 헤어졌다는 것도, 각자의 삶에서 더 이상 서로의 자리가 없다는 것도. 하지만 이번에는 감정이 나를 놓아주지 않았다. 머리로는 담담히 받아들이려 했지만, 마음은 아무것도 들리지 않고 흔들렸다. 이성과 감정이 서로 다른 곳을 향해 달려가고 있어, 나라는 존재는 점점 어지럽고 혼란스러워졌다.

 시간이 흐르면 괜찮아질 거라는 말도 더 이상 위로가 되지 않았다. 시간이 흐를수록 마음이 천천히 무너져 내렸다. 어느 날은 정말 괜찮다고 느꼈지만, 예고 없이 다가오는 그 사람의 흔적이 내 마음을 흔들었다. 스쳐 지나가는 추억 하나에도 감정은 다시 걷잡을 수 없이 커졌고, 나는 통제할 수 없는 슬픔에 빠졌다.

평범하게 일상을 보내다가도 갑자기 이유 없이 눈물이 쏟아졌다. 아무것도 하지 않고, 아무 생각 없이 있던 날조차도 네 기억이 불현듯 떠올라 내 마음을 아프게 했다. 분명, 마음이 아픈 걸 텐데 가슴이 꽉 막힌 듯 답답했다. 그 숨조차 쉬기 어려운 슬픔에 빠져들어 마치 마음에 발작이라도 일어난 듯 괴로웠다. 그 순간 예전에 누군가에게 상처를 준 내 모습이 떠올라 더 견디기 힘들었다.

그 과정은 생각보다 천천히, 그러나 너두도 깊숙이 다가왔다. 그렇게 깊은 슬픔에 사로잡힐 때면 누군가에게 구해달라고 소리치고 싶었다. 너와 헤어졌다는 슬픔, 그리고 재회하고 싶다는 욕심, 이런 건 생각나지 않았다. 그냥 있는 것 자체가 너무 힘들었다. 그저 이 아픔을 잠시라도 벗어나고 싶었다. 이제는 누군가를 탓할 수도 없고, 나 자신을 탓하기에도 지쳐서, 그저 끝나지 않을 것 같은 이 무너짐을 견디는 일밖에는 할 수 없었다.

마음에서 완전히 너를 보내고 싶은데, 나가 붙잡고 있는 건지, 내가 원하는 게 무엇인지 알 수 없어 더 답답했다. 이 무너짐을 언제까지 겪어내야만 다시 일어설 수 있는 걸까. 나는 누구에게 상처를 받아 이렇게 힘들어하는 건지, 우리가 다시 한 사람이 되었을 뿐인데 그게 나를 이렇게 주저앉힐 일인가, 마치 나를 일부러 힘들게 하는 존재가 있는 것만 같았다.

내면에서 상처가 반복되며 깨달은 사실은 결국 내가 견뎌야 하는 것은 상대방이 아닌 나 자신이었다. 누군가를 사랑하고, 떠나보내고, 그로 인해 무너졌던 모든 순간은 결국 내가 어떤 사람인지 보여주는 거울이었다. 상처는 우리의 관계가 끝남으로써 시작되었지만, 그 깊이를 결정하는 건 언제나 나 자신이었다. 결국 지금 이 캄캄한 고통을 끝낼 수 있는 건, 헤어진 상대도 지나간 사랑도 아닌 지금의 '나' 뿐이다.

그래서 이제는 더 이상 이 슬픔을 억누르지 않기로 했다. 감정이 밀려 오를 때면 그 감정에 사로잡히지 않고 담담히 마주하기로 했다. 완전히 회복된 것은 아니지만, 이제는 슬픔에도 때가 있다고 생각하며, 이 아픔이 나의 일부라는 걸 받아들이고 있다. 그렇게 하루하루를 지나며, 무너짐 속에서도 삶은 계속된다는 걸 조금씩 배워가고 있다.

괜찮지 않아도 괜찮다. 그 순간들이 모여 진짜 괜찮은 날도 올 거라는 믿음, 그리고 나는 그때보다 조금은 더 단단해진 사람이 되어 있을 거라는 믿음이 생겼으니까.

- 감정의 파도, 후폭풍처럼 밀려오던 그날들

이별을 겪을 때마다 나는 감정이란 것이 생각보다 훨씬 복잡하고 다루기 힘들다는 걸 매번 느낀다. 한동안 괜찮았다고 생각한 순간에도 감정은 후폭풍처럼 밀려와 나를 흔들었다.

첫 이별을 했을 때처럼 유난을 떨지도 않았고, 주변 사람들에게 투정 부리거나 술로 슬픔을 달래지도 않았다. 이제는 나이에 맞게 성숙한 사람이라면 이 정도 감정은 담담히 견뎌내야 한다고 스스로에게 다짐했기 때문이다. 끝난 인연이라면 깔끔하게 받아들이는 것이 어른의 자세라고 생각했다.

그렇게 덤덤하게 보내는 날이 많아졌지만, 문제는 갑작스럽게 찾아오는 감정이었다. 아무 생각도 하지 않을 때조차 불현듯 과거의 누군가가 떠올랐고, 그 순간 나는 꼼짝없이 감정에 붙잡혔다. 일상 속 작은 흔적이 마치 방아쇠처럼 감정을 터뜨렸고, 그 파도에 휩쓸린 뒤로는 다시 평온해지기까지 꽤 오랜 시간이 걸렸다.

과거의 기억을 수없이 반복했다. 처음 만난 날부터 이별하던 날까지, 하나하나 돌이켜보며 후회와 아쉬움 사이를 헤맸다. 특별히 행복했던 순간들은 더욱 선명하게 마음에 남았고, 내가 미처 다 표현하지 못했던 것들, 이해하지 못했던 것들에 대한 미련이 계속 나를 붙들었다. 그러면서 현실에서 이루어질 수 없는 일들로 마음을 소모했다.

감정의 파도가 몰아치면 나는 그 자리에서 쉽게 빠져나오지 못했다. 머리로는 이미 끝났다고 충분히 이해하고 있었지만, 마음은 그 사실을 받아들이는 데 긴 시간이 필요했다. 내가 조금 더 사랑했더라면, 조금만 더 이해했더라면 하는 사소한 후회들이 커다란 파도가 되어 나를 덮쳤다.

결국 이 모든 감정도 시간이 지나면 사라질 거라는 걸 알기에, 나는 조용히 이 파도가 잦아들길 기다릴 뿐이다. 파도에 맞서 꿋꿋이 버티기보다는, 그저 그 흐름에 따라 올라갔다가 내려가기를 반복하려 한다. 지금은 감정을 억누르지 않고 있는 그대로 느껴도 괜찮을 때라고, 그렇게 스스로 다독인다. 파도에 휩쓸려 허우적대기도 하겠지만, 이 순간조차도 내게 필요한 과정이라 생각하면서 말이다. 이렇게 조금씩 마주하고 흘려보내며, 나만의 속도로 내 감정을 천천히 이해하며 단단해져 가는 중이다.

- 부정 - 분노 - 타협 - 우울 - 수용,
그리고… 다시 그리움

부정:

이별이라는 단어는 언제나 갑작스럽다. 사랑이 끝났다는 사실을 처음 접한 순간에는, 현실로 받아들이기 어렵다. 그 이별이 한 사람의 일방적인 통보라면 더욱더 실감 나지 않는다.

하루 전까지만 해도 자연스럽게 연락을 주고받고 함께 웃었던 관계가 하루아침에 낯설어지고, 연락할 수 없는 사이가 되어 버린다는 것이 비현실적이다. 아직 남아 있는 손의 온기, 어제의 대화, 함께 먹은 저녁, 소소한 미소들이 선명한데, 이 모든 게 한순간에 사라졌다는 사실을 받아들일 수 없다. 이해되지 않는다. 어쩌면 다시 예전처럼 돌아갈 수도 있지 않을까 하는 막연한 바람이 마음 한쪽을 떠나지 않는다. 마음속에서 이별 장면이 고장 난 테이프처럼 계속 되풀이된다.

아무리 되새겨 봐도, 바뀌는 건 없다. 꿈이길 바라며 나는 끝없이 부정한다. 그렇지만 변하는 것은 없다. 간절하게 시간을 되돌리고 싶다. 우리가 헤어졌다고? 그게 다 진심이었다고? 거짓말이길. 제발 내일은 아무렇지 않게 연락이 오길 기도한다.

분노:

어느 순간부터 이별을 부정하던 마음이 지나가면서 슬픔은 분노로 바뀌어 찾아온다. 사랑이라는 이름으로 감당했던 수많은 감정과 노력이 허무하게 느껴질 때, 세상은 불공평하게만 보인다. 내가 얼마나 사랑했는지는 아무 의미도 없어져 버린 듯하다. 혼자서 아픔 속에 빠져 허우적거리고, 모든 미래가 부서진 채 무너져 내리는 것 같다.

'이럴 거면 차라리 시작하지 말걸…' 이토록 힘든 시간을 겪을 바에는 처음부터 그 사람을 사랑하지 않았더라면 더 나았을 것이라는 원망 섞인 후회가 마음을 가득 채운다.

그 사람은 내 사랑이 가벼웠을까, 어떻게 그토록 쉽고 간단하게 이별을 입에 담을 수 있었던 걸까. 상대를 원망하니 더 서글퍼진다. 누군가에게 이별은 쉬웠겠지만, 다른 누군가에게는 세상이 무너지는 고통이었다는 사실을 그는 알까.

아무리 울고 소리쳐봐도 결국 모든 것은 이미 끝났다. 끊어진 인연 앞에서 나는 아무것도 바꿀 수 없다는 현실에 스스로에게 자꾸만 화가 난다. 그 끝을 인정하는 순간, 되돌릴 수 없는 것들에 대한 무력감과 이 아픔이 온전히 나만의 것이라는 것에 대한 마음속 분노는 깊어질 수밖에 없다. 이렇게 분노와 애증으로 가득 찬 마음은 주체할 수 없을 정도로 화가 나 있으면서도, 혹시나 한 번쯤은, 그래도 다시 한번 나를 봐줬으면 좋겠다-하는 바람과 그 사람도 나처럼 아파하고 후회했으면 좋겠다-라는 못난 마음이 스며든다.

너로 인해 끝내진 우리 사이에서, 남은 내 감정의 끝만큼은 직접 마침표를 찍고 싶은 마음, 욕심이 차오르며 마지막 자존심을 부려본다. 분노조차 결국 사랑이 지나간 자리에서 튀어나오는, 내 안의 또 다른 슬픔이란걸 깨닫는다.

타협:
이별의 무게가 온몸을 짓누르는 듯 감당하기 힘들어질 때쯤, 사람은 종종 자신과 타협을 시도한다. 완벽한 사랑을 돌려달라고 조르지 않는다. 그저 조금만 더, 아주 조금만 더 곁에 머물러 주기를 간절히 바라게 된다. 사랑을 달라고도 하지 않는다. 오직 곁에만 있어 주면, 그것으로 충분하다고 자신을 달래며, 이별을 미루려고 애쓴다. 자존심을 부릴 여유는 없다. 지금 당장 너무 힘들어, 이 상태만 아니면 좋겠다고 그 누구도 제안하지 않은 협상안을 나에게 들이

민다. 그렇게라도 함께이고 싶다. 머리로는 이미 모든 게 끝났다는 걸 분명히 알면서도 마음은 도무지 받아들이지 못해, 스스로에게 시간을 주려고 발버둥 친다. 우리의 그 모든 기억이 나만의 추억이 되어 더 이상 공유할 상대는 없다.

함께했던 일상을 혼자 감당하는 일이 이토록 괴롭고 무거울 줄은 미처 몰랐다. '너 이전의 나'와 '너와 함께였던 나'는 내 안에 여전히 살아 있는데, 그렇게 계속 존재할 텐데 나는 너 없는, '너 이후의 나'를 생각해 보지 못했다. 이렇게 갑자기 헤어질 수는 없다고, 나에게 시간을 줄 수 없냐고, 우리가 고작 이것밖에 안 되는 사이였냐고 속으로 되뇌지만, 들어줄 사람은 내 곁에 없다. 그렇기에 타협이라는 이름으로 마주한 미련은 끝없이 자신을 힘들게 만든다.

우울:

타협마저 실패하면 찾아오는 건 설명할 수 없는 깊은 우울이다. 이별 후 삶이 더는 이전처럼 돌아가지 않는다는 것을 깨달았을 때, 세상은 더욱 가혹해진다.

오지 않을 연락을 기다리며 밤이면 멍하니 휴대폰 화면만 바라보는 내 모습이 초라하게 느껴진다. 폰 속에서 우리가 한창 좋았을 때 나눴던 대화를 보려 한참 스크롤을 내린다. 우리의 추억은 이미 쓸데없는 광고와 다른 대화창으로 점점 내려가 아주 오래전 이야기가 되어버린 것만 같다. 시시콜콜 주고받았던 이모티콘 그리고 마지막 날의 대화를 읽고 또 읽는다.

일상의 모든 것이 이별의 그림자로 물들어버려, 작은 풍경 속에서도, 익숙한 노래 한 소절에도 그 사람 생각으로 이어져 눈물이 흐른다. 그렇게 그리움과 슬픔 속에서 허우적거리는 나날이 이어진다. 한때는 너무도 선명했던 행복한 기억들이 이제는 눈물만 차오르고, 왜 그토록 사랑받지 못했는지, 왜 더 사랑해 달라고 말하지 못했는지 후회와 자책만이 마음을 가득 채운다. 시간이 지나면 잊힐 줄 알았던 기억은 밤마다 되살아나 나를 괴롭힌다. 잊으려 애쓰는 만큼 더 선명해지는 기억들이 속에서, 나는 또다시 헤맨다. 이 우울함이 끝나지 않을 것 같아 두렵다.

수용:

그러나 결국 모든 것은 지나간다. 그렇게 힘들던 순간들도, 찢어질 듯 가슴 아픈 감정들도 결국은 흐려지고 무뎌진다. '시간이 다 해결해 줄 거야'–그 마법의 말이 실감 나는 순간이 찾아왔다. 조금씩 마음의 여유를 되찾고, 무너진 일상은 어느새 조금씩 제자리를 찾아가기 시작한다.

어느 날 문득, 꿈속에서 너를 마주쳤는데 이상하게 눈물이 나지 않았다. 제발 꿈에서라도 보고 싶었던 그 얼굴이, 우연히 비칠 때면, 다시 꿈속에서라도 만나길 바라며 억지로 잠들었다. 그랬던 나는 이제 꿈에서 깨어나서도 울지 않는다. 그렇게라도 다시 널 보고 싶다는 간절한 바람에 꿈속에서도, 꿈에서 깨서도 울던 나는, 이젠 내 무의식이 너를 많이 그리워해 꿈에 나왔나보다 하고 담담하게 생각할 정도로 괜찮아졌다.

이별은 단지 누군가를 잊는 과정이 아니었다. 너 없는 세상을 살아내는 동안, 나는 나를 새롭게 마주하고 이해하게 되는 과정이었다. 사랑했던 사람을 놓는 일은, 결국 나 자신을 알아가는 일이었고 그 시간 속에서 나는 조금 더 단단해지고, 조금 더 나라는 사람에 대해 너그러워졌다.

헤어진 이유를 찾아 수없이 마음은 종잡을 수 없이 요동쳤고, 끝없이 방황하고 돌아보며 나를 탓하기도 했지만 아무리 고민해도, 결국 그 어디에도 명확한 정답은 없었다.
다만 서로의 마음이 담긴 그릇의 크기와 사랑을 표현하고 받아들이는 방식이 달랐을 뿐이라 생각하기로 했다. 한쪽의 사랑이 너무 커져 상대가 그 무게를 감당할 수 없게 되었을 때, 이별은 자연스럽게 찾아오는 피할 수 없는 과정이었다.

이제는, 사랑이 끝나더라도 내가 누군가를 온전히 사랑할 수 있었다는 그 사실이 중요할 뿐이다. 혼자여도 괜찮고 다시 사랑을 시작해도 괜찮다. 앞으로 내가 나를 존중하지 않은 채 머무르는 관계는 그만둘 용기를 내어야 한다.

한때 전부였던 사랑이 영원하지 않았다고 해서 그 사랑이 덜 아름다운 것은 아니다. 비록 끝사랑이 아닐지라도 가장 깊이 사랑했고, 마음을 다했던 사랑이었기에, 그 기억은 마음 깊은 곳에 오랫동안 남아 조용한 온기로 나를 이전보다 좀 더 따뜻하게 만들어줄 것이다.

모든 사랑이 꼭 완벽하지 않아도 괜찮다는 걸 이젠 받아들일 수 있다. 사랑의 끝에 '이별'이라는 또 다른 형태의 완성도 있다는 걸 알게 되었다.

그리움은 결국 내가 진심으로 사랑했음을 증명하는 가장 솔직한 감정이라는 걸 이제는 받아들이려 한다.

- 그땐 왜 그렇게 힘들었을까

 시간이 지난 지금 돌이켜 보면 그땐 정말이지 끝도 없이 지쳐 있었다. 마음속의 빈자리가 무엇으로도 채워지지 않았다. 공허한 마음을 음식으로 채우려 폭식해 봐도 허기는 채워질 줄 몰랐고, 무의미하게 이것저것 사들이며 택배 상자를 쌓아 올려도 허전함은 그대로였다. 내가 진짜로 원했던 건 그런 게 아니었기 때문이다.

 어떤 사람이 내 삶에 이렇게 큰 자리를 차지하고 있었다는 걸, 그 사람이 떠난 뒤에야 비로소 체감했다. 그와 헤어진 순간부터 내 몸의 일부가 잘려 나간 것처럼 아팠다. 이유도 모른 채 가슴이 저릿하고 아린 날들이 이어졌고, 그 텅 빈 자리는 시간이 흘러도 메워지지 않았다. 그 사람을 잃었다는 사실보다 내 일부였던 무언가를 잃어버린 것 같은 아픔이 더 컸다.

 내가 준 진심이 상대에게 닿지 못하고 다시 내게 돌아왔을 때의 슬픔은 말로 표현하기 힘들 정도였다. 텅 빈 마음을 다시 채우기 위해 억지로 나아가려 했지만, 그를 잊어버리는 것 같아 자꾸만 뒤돌아보며 망설였다. 결국 나는 과거의 행복한 순간을 붙잡은 채 앞으로 나아가지 못했다.

핸드폰 사진첩의 모든 기록을 지우고 주고받은 메시지를 삭제하며 억지로 잊으려고 발버둥 쳤다. 그런데 벽 한 편을 가득 메운 그 사람과 찍었던 사진들은 도저히 버리지 못했다. 시간 순서대로 배열된 우리를 하나하나 떼어내 정리하면서도 차마 버릴 수는 없었다. 작은 상자에 넣어 내 마음이 준비되는 그날 진짜로 버리기로 했다. 그렇게 일상을 견디며 그냥 습관처럼 그 사진들을 순서대로 매일 봤다.

우리가 처음 데이트 한 날, 첫 여행지, 서로의 생일날, 특별한 날이 아닌, 그냥 평범한 일상 속 사진까지. 가장 최근에 찍은 이 사진이 마지막이 될 거라 생각지 못했기에 더 가슴이 아팠다.

하지만 신기하게도 시간은 결국 그 사람을 조금씩 기억 속에서 희미하게 만들었다. 그렇게 매일 꺼내 보던 내가 점점 그 횟수가 줄더니 어느 순간 그 상자를 꺼내지 않게 되었다. 일상이 바빠져서, 몸이 고단해서, 새로운 일을 시작해서, 모두 맞겠지만 내 마음이 더 이상 찾지 않았다. 그렇게 나는 그 상자를 마침내 버릴 수 있었다. 분명 평생 잊지 않을 거라 자신했던 그 사람의 생일이 이제는 겨울이 시작될 무렵이었나 하는 정도로만 떠오르고, 수없이 걸었던 전화번호의 앞자리마저 기억나지 않게 되었다. 그렇게 잊혀진다는 사실이 서글프면서도, 이젠 또 다른 사랑이 올 수 있는 상태가 되었다는 희망을 발견하게 해주었다.

이제 와서 알게 된 것은, 결국 내가 놓지 못했던 건 그 사람이 아닌, 그와 함께했던 시간 속에서 가장 빛나고 행복했던 나 자신이라는 사실이다. 다시 그런 사랑을 할 수 있을까, 그때처럼 사랑스러운 내가 될 수 있을지 두려워, 행복했던 순간들을 놓고 싶지 않아 오랫동안 과거의 나를 붙잡고 있었다.

그때 나는 정말 진심을 다해 사랑했고 그 마음만큼은 시간이 지나도 절대 변하지 않을 것이다. 그 모든 순간들이 지금의 나를 만들어주었고 비로소 나는 이제 그와 행복했던 나를 조용히 보내줄 수 있게 되었다.

- 이별 후, 조금씩 괜찮아지는 법

 헤어지고 나서 처음엔 모든 것이 흐릿하고 비현실적으로 느껴졌다. 슬픔이 밀려올 때마다 눈물이 흐르지 않게 눈을 질끈 감고 긴 한숨을 내쉬는 습관이 생겼다. 긴 호흡과 함께 그 사람에 대한 기억을 내보내려 애쓰는 내가 스스로 안쓰럽기도 했지만, 그렇게라도 조금씩 마음을 비워내고 싶었다. 하루하루 시간이 흐를수록 너무 슬픈데 눈물이 나오지 않아 답답함만 쌓였다. 그러다 어느 날 둑이 무너지듯 눈물이 쏟아졌다. 제발 그만 울고 싶다고 허공에 소리치며 간절히 빌 정도로 울었다. 한참을 그렇게 울고 나니, 이제는 오히려 고요한 슬픔이 마음 깊이 자리 잡아 다시 눈물조차 흐르지 않는 고통스러운 밤들이 찾아왔다.

 이 끔찍한 마음의 무너짐이 더 이상 나를 집어삼키지 않도록 하고 싶었다. 끝나지 않을 안개 속에서 빠져나오고 싶었다. 내가 할 수 있는 건 이별이란 현실을 받아들이고, 충분히 슬퍼하고, '만약에'라는 미련을 그만두는 것이었다.
 그렇게 결심하고 나니 조금씩 현실을 마주하게 되었다. 이제 상대와 나는 서로에게 특별한 사람이 아니라, 수많은 사람 중 하나가 되어버렸다는 사실 먼저 인정해 보기로 했다. 우리는 이제 거리에서 우연히 스쳐 가는 사람들처럼, 지하철에서 각자 다른 목적지로 흩어지는 낯선 얼굴들처럼, 더 이상 서로의 삶을 궁금해하지 않는다. 가장 친밀했던 사람이 타인이 되는, 그 사실을 받아들이는 것부터 시작했다.

"이 사람 아니면 안 돼"라는 자기합리화를 내려놓으니 조금씩 숨이 트이기 시작했다. 결국 우리는 각자의 세상에서 수없이 스쳐 지나가는 존재일 뿐이었다. 그 사람이 특별했던 이유는 내가 그 사람에게 '특별함'이라는 의미를 부여했기 때문이었다. 이 세상에 단 하나밖에 없는 '내가 사랑하는 사람' - 그 대체 불가능하다는 믿음이 그를 반짝이게 했다. 그는 처음부터 특별한 존재였던 것이 아니라, 내가 마음을 준 순간부터, 그 순간을 기점으르 반짝이기 시작한 사람이었다.

결국 그 반짝임은, 내가 비춘 것이고, 사랑이라는 마음으로 바라보았기에 그 사람이 특별해졌고, 대체 불가능해 보였을 뿐이다. 그 반짝이는 존재는 내가 어떻게 바라보느냐에 따라 빛나기도, 흐려지기도 한다는 걸. 모든 게 나에게 달려있다는걸, 내가 만들어 내놓고도 늦게 깨달았다. 나는 내가 만들어낸 빛에 너무 의존했던 걸 수도 있다. 그 빛이 내는 방향으로만 바라보고 나아갔기에 지금은 잠시 길을 잃고 헤매는 것일 수도 있다. 그 빛에 기대지 않고 이제는 내가 스스로 빛을 내보려 한다. 누군가를 빛낼 수 있었다면 나 자신도 누군가에겐, 충분히 반짝일 수 있는 존재라는 걸 믿기로 했다.

한 발 한 발 앞으로 나아가기 위해 내가 할 수 있는 작고 사소한 것들을 찾아갔다. 충분히 슬퍼하고, 하루하루 천천히 상대를 떠나보내며, 내 감정에 너무 깊게 빠지지 않으려 했다. 더 이상 상대에게 과도한 의미를 부여하지 않으려 노력한다. 결국 모든 감정은 지나가는 영화 속 한 장면처럼 끝이 있고, 나는 이제 그 영화 속 비련의 주인공이라는 역할에서 내려올 준비를 했다.

그렇게 천천히 자신을 돌보고 마음을 비우다 보면, 언젠가는 정말로 괜찮아지는 날이 올 것이다. 그날이 언제일지는 알 수 없지만, 분명한 건 나는 지금 그곳을 향해 한 걸음씩 나아가고 있다.

- 어쩌면, 가장 합리적인 이별이었을지도

 돌아보면 내가 겪었던 많은 사랑과 이별 중에는 특별한 이유도 없이 끝난 관계들이 있었다. 한때는 누군가를 사랑해야만 내가 완전해진다고 믿었다. 하지만 시간이 흐르며 그런 생각은 조금씩 희미해졌다. 이별을 겪을 때마다 "왜 그렇게 사랑했을까?"라는 질문을 스스로에게 던지며 괴로워했지만, 지나고 보면 그 질문 자체가 무의미하게 느껴졌다. 사랑은 이유를 따지기보다, 그냥 그 순간에 진심이었기에 가능했던 감정이었다.

 어떤 사람에게는 내가 가진 모든 것을 다 주었다. 특별히 잘해준 것도, 큰 애정을 받은 것도 아니었지만, 그저, 주는 것만으로 행복했고 만족했다. 사랑이란 그런 거라고 믿었다. 내 마음을 주고 그 사람이 행복해하는 모습을 보는 것만으로도 충분했다. 마치 처음 사랑을 알게 된 사람처럼 하루하루 설렘과 행복을 느끼며 한 사람으로 충만해지는 이 기분이, 사랑이라 믿었다.

 그런데 어느 날 문득, 별다른 이유도 없이 쉽게 이별이 찾아왔다. 한쪽의 마음이 조금 식었다는 단순한 사실 하나로, 우리는 너무도 쉽게 헤어졌다. 둘 중 하나의 마음이 식었다는 이유만으로도 쉽게 끝나버릴 수 있다는 걸 직접 경험했을 때의 허탈함은 생각보다 깊었다. 관계를 이어가기 위해 노력조차 할 수 없다는 사실은 아쉬움과 미련으로 남아 오랫동안 나를 괴롭혔다.

차라리 상대가 나쁜 사람이었다면 쉽게 잊을 수 있었을지도 모른다. 하지만 내가 사랑했던 사람들은 대체로 좋은 사람들이었다. 그래서인지 쉽게 정리하지 못하고, 미련을 더 오래 붙들고 있었다. 곁에 조금만 더 있게 해달라고, 마음의 준비를 할 시간을 달라고 혼자 애원했던 기억도 있다. 하지만 결국 나와는 달라진 상대의 마음을 인정할 수밖에 없었다.

사랑의 시작엔 언제나 이별의 가능성이 숨어 있다는 것을 이제야 마음으로 받아들인다. 이성적으로는 알고 있었지만 마음으로 알지 못했기에 이번엔 억지로 지우려 하지 않고 그 이별의 과정도 온전히 겪어 내기로 했다. 사랑하고 헤어지는 모든 순간이 결국 나를 성장시켰음을 인정하게 되었다.

돌려받지 못한 마음도 많았지만, 내가 사랑한 그 시간만큼은 진심이었다. 그리고 행복했다. 상대가 내 마음을 더는 받지 않겠다고 결정한 그 순간조차도 존중할 수 있게 되었다.

아프고 슬픈 시간이었지만, 이 모든 과정이 결국은 나를 성장시켰다는 사실을 부정할 수 없다. 힘든 시간이 지나면 결국 좋은 기억으로 남을 것이고, 또 다른 사랑을 만날 수 있는 힘이 될 것을 알기에. 이별이 꼭 슬픔만을 주는 것은 아니라는 걸, 그 덕분에 나는 관계의 끝을 감정이 아닌 이해와 수용으로 바라볼 수 있게 되었다. 어쩌면 이것이 내가 겪어온 이별 중 가장 합리적인 형태일지도 모른다.

이제는 정말 괜찮아질 수 있다는 믿음을 안고, 그 사랑으로부터 얻은 아픔과 성장을 함께 품으며 조금씩 앞으로 나아가면 된다. 그렇게 나 자신을 다시 만나며, 나를 알아보며 살아가려고 한다.

0# 3장 지금, 사랑을 다시 바라보는 순간들

- 평범한 순간에 스며든 사랑

 한때는 사랑이란 늘 두근거리고 설레야 하는 것으로 생각했다. 심장이 빠르게 뛰고, 어쩔 줄 몰라 얼굴이 붉어지는 순간들이 사랑의 전부라고 믿었다. 하지만 그런 감정들이 점차 익숙해지고 편안해질 때쯤, 새로운 사랑의 모습을 발견했다. 짜릿하고 화려한 감정 뒤에 오는 담담하고 부드러운 사랑이 있다는 것을 깨닫게 되었다.

 일상은 언제나 반복적이고 평범했다. 출퇴근길은 하루 중 유일하게 나 혼자만의 시간이자, 누구의 간섭도 받지 않는 편안한 순간이었다. 그 시간 동안엔 날씨를 확인하며 하루를 준비하고 좋아하는 음악을 들으며 집으로 향하곤 했다. 그런데 언제부터인지, 그 일상의 틈새로 소소한 따뜻함이 스며들기 시작했다. '오늘도 힘내자'라는 한마디, '밥은 먹었냐'는 짧은 안부가 어느 순간 일상이 되었을 때, 특별한 이유 없이 건네는 연락 한 통, "그냥 네 생각이 나서"라는 그 말 속에 담긴 진심을 느낄 때면, 그 사랑이 주는 감동과 감사함에 다시 한번 사랑을 생각하게 된다. 사랑이 거창하지 않아도 충분히 따뜻하다는 걸 느끼는 순간이었다.

사랑은 그렇게 거창한 고백이 아니라 일상의 사소한 배려와 작은 행동들 속에서 더 선명해진다. 내 수저 먼저 놔주는 다정함, 말없이 채워지는 빈 컵의 물 한 잔, 피곤한 하루를 위로하는 짧은 메시지처럼 정말 사소한 행동들이 모여 이 사람에게 나도 똑같이 감사와 배려해 주고 싶은 마음이 생긴다.

문득, 밤이 깊어진 어느 날, 고요히 잠자리에 누웠을 때, 옆에서 전해지는 작고 따스한 숨소리나 심장 소리를 느끼는 순간, 그 가까운 곳에서 나를 향해 고도히 뛰는 심장의 소리를 들으며, 말로 표현하지 않아도 알 수 있는 따뜻한 사랑을 느낀다. 그것은 짜릿하거나 화려하진 않지만 내가 결코 혼자가 아니라는 것을 확실하게 전해주는 온기였다.

설렘이 없어졌다고 해서 사랑이 사라지는 것이 아니라, 오히려 그 설렘 뒤에 찾아오는 따뜻한 편안함도 사랑이라는 걸 알게 되었다. 서로의 일상에 스며드는 평범하고 소박한 마음들, 그 마음들이 켜켜이 쌓여 깊고 단단한 사랑이 되어가는 것일지도 모르겠다.

그래서 이제 나는, 그 평범하고 담백한 사랑의 순간들을 더 깊이 사랑하고 소중히 여기게 된다. 그것이 비로소 진짜 사랑의 시작임을 알아버렸기 때문이다.

- 네가 웃으면 나도 웃게 돼

웃고 있는 널 보면, 나도 모르게 따라 웃게 되던 순간이 있었다. 누군가를 사랑할 때의 기억은 늘 그렇게 온기 어린 장면으로 남아 있다. 그냥 눈만 마주쳐도 마음이 따뜻하게 차오르던 그 순간들. 지나가 버릴 시간이 아쉬워 사진으로, 영상으로 남겨두었던 건 정말 다행이었다.

삶이란 언제나 만만치 않은 것이어서, 어떤 날은 유독 하루가 힘들 때가 있다. 그런 날이면 나는 습관처럼 그때의 우리를 다시 꺼내본다. 반달로 웃고 있는 눈매와 위로 올라간 입꼬리, 서로 바라보다 환하게 터지던 웃음소리. 그 장면을 바라보다 보면 어느새 나는 그때로 돌아가 사진과 함께 웃어버린다. 그렇게 현재의 나는 잠시 지워지고, 그때의 내가 다시 살아난다. 무겁던 현실은 잠시 멀어지고, 과거 속 따뜻했던 기억만이 현재가 된다.

이별 후에야 알았다. 누군가와 사랑을 했다는 건 그 사람을 온전히 받아들였던 내 모습을 사랑한 시간이기도 하다는 걸. 내가 나를 사랑하고 있다는 걸 알려주었던 그 시간들, 그 시간을 떠올리면 다시금 나 자신에게 애틋해진다. 누군가를 사랑하며 반짝이던 눈동자, 수줍게 번지던 미소, 너를 보며 행복해하던 그 얼굴이, 결국 나였다는 걸.

그렇게 환하게 웃을 수 있었던 건, 내가 사랑받았고 동시에 사랑하고 있었기 때문일 것이다. 그 사실 하나만으로도 충분히 아름답고 귀한 순간이었다. 나는 그 사랑을 통해 더 빛났고, 더 단단해졌다. 혼자서는 미처 알 수 없었던, 누군가와 함께할 때, 또 다른 행복의 결이 있다는 걸 알게 되었다. 사랑과 이별을 지나온 나는, 다시 누군가를 바라보며 나도 모르게 따라 웃게 될 그런 순간을 기다린다.

- 사랑이 나를 바꾼 시간들

 과거의 나는 사랑을 할 때 모든 것을 상대에게 쏟아부었다. 지금에 와서야 그때, 내가 왜 그랬는지 이해가 된다. 무의식중에 나는 나를 사랑하지 않아, 다른 사람을 사랑하려고 했었다. 누구라도 사랑하고 싶어서, 그렇지만 그게 나는 아니었다. 내가 본 나는 마음에 들지 않았으니까. 나를 고를 수 없기에 선택할 수 있는 상대방을 사랑하려 했다. 이상하게 들리지만, 그땐 나보다 상대를 사랑하는 게 더 쉬웠다. 그렇게 나는 사랑을 할 때 모든 것을 상대에게 쏟아부었다. 상대와 나는 동일시되었으니까, 그에게 주는 것이 곧 나에게 주는 것으로 생각했다. 그래서 밥 한 끼도, 영화 한 편도, 짧은 여행도 모두, 상대와 함께해야만 의미 있는 것으로 생각했다. 함께 있는 시간이 많아질 수록 우리의 사랑은 더 깊어질 거라고 믿었다. 그래서 홀로 있는 시간을 견디기 힘들어하며, 사랑이란 모든 것을 나누고 상대와 함께하는 것이라 여겼다.

 여러 번의 사랑과 이별을 겪으며 나의 사랑도 미성숙에서 벗어나기 시작했다.

삶에 홀로 서는 법이 반드시 필요하다는 것과 내가 내 삶을 사랑해야 상대도 사랑할 수 있다는 것. 각자의 삶을 존중하는 일이 서로를 진정으로 사랑하는 방법이라는 걸 깨달았다. 그렇게 나는 혼자서도 충분히 행복해질 수 있다는 자신감을 갖게 되었다.

하지만 홀로 설 수 있다는 것이 사랑을 배제한다는 뜻은 아니다. 혼자일 때도 좋았지만, 사랑이 찾아오면 삶이 더 빛나고 충만해지는 기분을 느낄 수 있었다. 혼자서도 충분히 만족스러웠지만, 혼자였을 때 미처 느끼지 못했던 설렘과 기쁨을 경험하며, 함께일 때 더 풍성하게 행복할 수 있다는 걸 알게 되었다. 그래서 나는 사랑을 할 때마다 이전보다 조금 더 성숙해지고, 마음의 깊이도 함께 자라났다.

이제 예전처럼 사랑에 내 모든 것을 쏟지 않는다. 여러 번의 사랑과 이별을 거치며 나 자신을 지키는 법을, 나 자신을 사랑하는 법을 하나씩 습득했다. 그래서 혼자 있는 시간도, 함께하는 시간도 소중하다. 사랑이 주는 기쁨과 어려움 모두를 담담히 받아들이려는 마음의 자세를 갖게 되었다. 그렇게 나는 조금씩 변해갔다. 사랑을 통해 변한 내가 좋아진 순간이었다.

- 놓여진 내가 아닌, 빛나는 나로

　내 생일날 이별을 맞았다. 아니 더 솔직히 말해, 내가 차였다는 표현이 맞을 것이다. 그 사람은 끝내 내게 생일 축하한다는 말 한마디 건네지 않았다. "아, 생일이었지." 그것이 전부였다. 내가 슬펐던 이유는 단순히 축하받지 못해서도, 이별 그 자체 때문도 아니었다. 사랑했고, 그토록 믿었던 사람이 결국 이정도의 사람에 불과했다는 사실이 서글펐다.

　헤어지는 순간, 나는 그에게 말했다.
　"나도 누군가에겐 반짝이고 빛나는 사람이야. 지금은 네 곁에 있어 잘 보이지 않을지 모르겠지만 누군가에겐 정말 간절하고 소중한 존재가 될 수 있어. 그런 나를 네가 놓는 거야."

　그리고 오늘, 나는 다른 누군가로부터 그 말을 다시 들었다. 정말 반짝반짝 빛난다고. 가만히 있어도 충분하지만, 스스로 더 빛나려고 노력하는 모습 때문에 더 반짝인다고.
　나도 모르게 눈시울이 뜨거워졌다. 그때 내가 했던 말들이, 시간이 지나 다른 사람의 입을 통해 되돌아올 줄은 몰랐다. 그렇게 듣고 싶었던 말이었는데, 내 가치를 알아봐 주길 바랬던 그 사람이 아닌, 타인에게 듣는 순간 어쩔 수 없이 다시 그가 떠올랐다. 마음 깊숙이 간직한 감정들이 여러 층으로 겹쳐 감정이 요동쳤다. 하지만 이젠 억누르지 않고 그대로 느끼고 흘려보낼 수 있다. 여전히 그 사람이 떠오르면 눈물이 고이지만, 그렇게 잠깐 울고 나면 금세 멈춘다. 이 눈물의 의미가 보고 싶은 마음일 수도 있다. 하지만 다시 만나고 싶은 마음은 아니다. 그때의 나는 진심으로 사랑했고, 내가 할 수 있는 모든 사랑을 주었다. 이제는 다시 그때처럼 사랑할 수 없다는 걸 안다. 그래서 미련도 후회도 없이 괜찮아질 수 있었다.

나는 충분히 사랑했고, 그만큼 소진했던 마음을 이제 회복하고 있다. 앞으로 만나게 될 더 귀한 인연을 위해 다시 나를 채워야 한다. 그래서 괜찮다. 슬픔은 슬픔대로, 이별은 이별대로 두되, 거기에 머물진 않을 것이다. 나는 주저앉아 슬퍼하는 사람이 되지 않을 테니까.

- 미안함이 남긴 자리

 헤어지고 두세 달 동안 무기력하게 지냈다. 시간이 흐를수록 아무 일도 하지 않으면 아무 변화도 일어나지 않는다는 단순한 사실이 마음에 와닿았다. 그래서 습관처럼 머물던 일상에서 벗어나 이것저것 해보기로 했다. 과거에서 벗어나 새로운 장소를 찾아가고, 낯선 사람들과 인사를 나누었다. 그러다 보니 전에는 생각하지 못했던 일들이 조금씩 일어났다. 낯선 대화가 흥미롭게 느껴졌고, 예전에는 눈여겨보지 않았던 장소들이 새롭게 보이기 시작했다. 나는 이런 작은 변화를 통해 조금씩 살아있는 기분을 다시 느끼기 시작했다.

 그러던 중 의도치 않게 몇몇 이성들에게 호감을 느낀다는 말을 듣게 되었다. 처음엔 조금 당황스러웠지만, 어쩌면 다시 사랑할 수 있지 않을까, 그 기대감이 내 일상에 새로운 활력이 되어줬다. 그러나 막상 연락을 주고받고 만남을 이어갈수록 마음 한구석이 편하지 않았다. 나에게 호감을 보여주는 상대의 진심을 느낄 때마다 불편함이 미안함으로 나중엔 죄책감으로 커졌다. 나 역시 그들을 좋아해 보고 싶었지만, 마음이 움직이지 않았다.

결국 상대에게 솔직하게 말했다.

"네가 좋은 사람이라 더 미안해. 고마움보다 미안한 마음이 점점 커지는 것 같아. 연락을 계속하면 서로 더 힘들어질 것 같아서, 시간이 더 흐르기 전에 이렇게 말하는 게 나을 것 같아."

그 순간, 묘하게 마음이 무거워졌다. 그러다 문득 예전 내 모습이 떠올랐다. 누군가와 이별하던 그때, 상대가 내게 했던 말이 생각났다. 아이러니하게도, 내가 이제 그 말을 다른 누군가에게 하고 있었다. 그때는 그 사람의 감정을 이해하지 못했고, 왜 이런 식으로 끝내는지 몰랐는데, 이제야 그때 그 마음이 조금은 알 것 같다.

막연히 슬펐던 그 이별의 뒤에는 내가 몰랐던 미안함과 복잡한 마음이 있었다는 것을 이제야 조금은 이해할 수 있게 되었다. 누군가에겐 상처를 주고, 누군가에겐 상처를 받는다. 나는 언제나 그 두 입장이 될 수 있다. 그렇기에 좀 더 신중하고 좀 더 진실되게 사람을 대해야 한다.

다행히 이번 만남은 나를 배려해 준 상대 덕분에 좋은 기억만으로 잘 마무리할 수 있었다.

앞으로도 나는 상처를 줄 수도, 받을 수도 있다. 다만 그 어떤 자리에서도 진심과 배려를 잃지 않는 사람이 되고 싶다. 그것이 내가 변화를 통해 얻은, 가장 단단한 마음이다.

- 한 사람을 알아간다는 일

 이별을 겪으며 쉽게 겁쟁이가 되었다. 마음속 깊은 곳에서는 또 상처받을까 두려워 조심스럽게 계산하기 시작하고 새로운 사람을 만나도 무의식적으로 내 마음의 안전장치를 내려놓지 못하고 주저했다.

 새로운 사랑을 시작하기 직전, 모든 주저함과 망설임의 중심에는 결국 나 자신에 대한 확신이 부족한 탓이 크다. 뚜렷한 기준 없이 상대를 바라보면, 기대와 실망 사이에서 쉽게 지치고 말았다. 감정보다는 이성과 논리로 자신을 보호하려 하지만, 아이러니하게도 그런 방어는 진정한 사랑으로부터 나를 멀어지게 만들었다.
 우리가 만나는 모든 사람은 결국 내가 걸어가는 길 위에 놓인 이정표 같은 존재이다. 그들과 함께 걷다가 잠시 멈춰 돌아보는 순간, 비로소 나는 나 자신을 발견하게 되었다.
 한 사람을 알아가는 일은 곧 나 자신을 알아가는 일과 같다. 내가 무엇을 좋아하고, 무엇을 견딜 수 있으며, 어디까지 받아들일 수 있는지를 끊임없이 질문하게 만든다. 상대에게 실망했다고 느끼는 순간조차 실은 내 안의 기대와 현실 사이의 간극을 깨닫는 순간일지도 모른다.

이렇게 마음의 균형을 찾아가다, 언젠가는 이별조차 나를 성장시키는 소중한 경험이었음을 깨달았다.

결국 만남과 헤어짐을 통해 알게 된 것은 누군가를 온전히 이해하고 사랑하는 마음은 먼저 나 자신을 있는 그대로 받아들이는 데서 시작된다는 사실이다. 세상에 완벽한 사람도, 완벽한 사랑도 존재하지 않는다는 것을 인정하고 나면, 비로소 상대를 있는 그대로 편하게 바라볼 수 있게 된다.

그렇기에 앞으로 누군가를 다시 만나는 것을 주저하지 않으려 한다. 완벽한 이해도, 완벽한 타이밍도 없겠지만, 그저 진심을 담아 한 걸음씩 나아가다 보면 언젠가 서로의 서툰 마음마저 따뜻하게 감싸줄 수 있는 사람이 되어 있지 않을까. 천천히, 그리고 진심으로 오늘도 나는 누군가를 알아갈 준비를 한다. 그리고 나 자신을 더 깊이 이해할 용기를 낼 것이다.

- 사랑은 순간을 지나 과정이 된다

사랑이 시작될 때는 모든 것이 눈부시게 아름답다. 작은 실수마저 귀엽고 어설픈 행동에도 미소가 절로 난다. 콩깍지가 씌었다는 표현처럼, 상대의 부족함이나 서투른 모습조차 사랑스럽게 보인다. 그 순간, 나도 모르게 이미 사랑에 빠져버린 것이다. 그 사람의 작은 습관 하나하나가 특별한 의미를 지니며 마음속 깊은 곳까지 차지해 버린다. 그 사람의 모든 것을 알아가는 과정이 마냥 즐겁고 설레기만 했다.

하지만 시간이 흐를수록, 처음에 사랑스럽게만 보였던 단점들이 조금씩 마음에 걸리기 시작한다. 한 번쯤은 스쳐 지나갈 불편한 감정이라 생각했다. 이 정도는 내가 참으면 되는 일이었고, 좋아하는 내 마음이 크다면 충분히 넘어갈 수 있을 거라 믿었다. 그렇게 혼자 애쓰고, 나만의 감정을 억누르고 숨기는 습관이 생겨났다. 갈등을 일으키는 것보다는 조용히 웃으며, 넘어가는 것이 더 쉽고 안전하다고 생각했다. 하지만 그렇게 삼켜버린 말들이 쌓이고, 말하지 못한 감정들이 감당할 수 없을 만큼 무거워져 마음속에 돌처럼 하나둘 가라앉아 버려졌다.

돌이켜보면 그때 내가 조금 더 용기 있었더라면 어땠을까 하는 후회가 마음에 남는다. 다시 얘기해 보기엔 늦었다고 생각에 이 무거운 감정을 어디서부터 어떻게 풀어내야 할지 두려워 포기했다. 만약 갈등을 피하기보다 그 문제에 대해 함께 이야기해 봤더라면, 혼자 감내하고 애쓰는 대신 서로의 진심을 털어놓았더라면 우리는 달라졌을까? 어쩌면 결과는 같았을지도 모르지만, 최소한 지금처럼 미련과 후회는 남지 않았을 것이다. 마음 깊이 감춰둔 말들을 한 번이라도 제대로 전할 수 있었다면, 서로를 조금 더 깊이 이해할 수 있었을지도 모르겠다.

결국, 서로서로 날 것 그대로의 모습을 온전히 받아들이는 용기와 그 불편함을 감내할 힘이 필요하다. 사랑은 아름다운 모습만이 아니라 때로는 서투르고 불편한 진실을 마주해야 하는 일이다. 내가 사랑했던 그 사람의 단점마저 사랑스러웠던 순간들은 분명히 진심이었지만, 그 진심만으로는 모든 것이 해결되지 않았다. 결국 후회 없는 사랑이란 결과가 아닌 과정에 달려있었다.

사랑이라 말했지만 완전한 사랑은 아니었던 그 연애가 끝나고 난 뒤에 남는 것은 하지 못했던 솔직한 말들과 진심을 외면했던 시간이었다.

- 내 마음을 정직하게 들여다볼 용기

내 마음을 들여다보는 일은 생각보다 힘겹고 두렵다. 왜 한 사람을 그토록 깊이 사랑할 수 있는지, 왜 이렇게 아픈 건지 나조차도 잘 모르는 채 마음을 헤맨다. 주변에서는 어떻게 그렇게 한 사람에게 모든 걸 줄 수 있냐고 묻지만, 사실 나조차도 그 이유를 제대로 알지 못했다

돌이켜보니, 내가 이렇게 아픈 이유는 그 사람이 떠났기 때문만은 아니었다. 다시는 만날 수 없어서, 더 이상 인연을 이어갈 수 없어서만은 아니었다. 오히려 완벽히 깔끔한 이별을 맞이했음에도 마음 한구석이 공허하게 남는 이유는 그 사람을 사랑했던 진짜 이유가 무엇인지 분명하게 알지 못했기 때문이었다.

천천히 나를 돌아보며 솔직한 답을 찾기 시작했다. 지금 나의 나이, 그리고 마침, 적당한 순간에 찾아온 서로의 취향과 가치관이 만들어낸 환상, 또 나에게 부족했던 가치를 그 사람이 가진 것처럼 보였던 착각 속에서 나는 스스로 주문을 걸었는지도 모르겠다. 그 사람은 내 인생에 꼭 맞는

퍼즐 조각처럼 느껴졌고, 그래서 더욱 깊이 빠져들었다. 하지만 돌아보면, 그 사랑은 너무 무겁고 나 혼자서만 깊게 빠져 있었다. 상대가 생각한 방향과 내가 나아가고자 했던 곳은 달랐다. 서로 생각하는 사랑의 정의 자체가 너무나 달랐다. 틀린 게 아닌 다른 거였으니까, 그 한 끗 차이로 위안이 되었다.

우리는 처음부터 결말이 정해져 있었다는 사실이 이제는 슬프지 않다. 나라는 사람의 가치를 알아봐 줄 사람을 만날 그때를 위해, 또 나를 위해 더 빛나는 순간을 만들고 싶다. 결국 이 모든 게 나를 위한 것으로 생각하면 마음이 편해진다. 이제는 상대보다 내가 더 중요하니까. 나는 내 삶을 더 나은 방향으로 이끌어가고 싶다.

그렇게 내 마지막 사랑은 밝게 타오르다 금세 사라져 버린 불꽃 같았다. 이미 떠나버린 그 마음을 되돌릴 수는 없다는 것에 슬퍼하고, 분노하며 그 모든 과정 끝에 받아들였지만, 나는 아직 남은 아쉬운 마음, 미련일지도 모르는 그 잔불을 끄기 위해 노력했다. 그리고 그렇게 노력하며 이전에는 시도하지 않았던 새로운 길들을 걷게 되었다.

오히려 헤어지지 않았다면 지금처럼 성장한 '나'를 만

나지 못했을 수도 있겠다는 생각이 들 정드이다. 그렇기에 그 사람에게 미움을 품기보단 고마움을 느낀다. 나를 더 깊이 들여다보는 용기를 얻게 해준 그 이별에게 말이다.

- 이별의 끝에서 마주한 것

 사랑을 하고 있을 땐, 상대의 모든 것이 내 삶의 중심이 된다. 내 일상과 감정은 모두 상대를 향해 있고, 상대는 내 하루의 시작과 끝이 된다. 아침은 서로의 안부로 열리고, 밤은 서로의 목소리로 마무리한다. 나의 일상과 감정의 방향은 그 사람에게 향해 있다. 그렇게 그 사람의 존재와 나를 연결 짓는다. 그래서였을까, 사랑이 끝나고 난 뒤 나는 늘 길을 잃곤 했다. 상대를 잃은 것이 곧 나 자신을 잃은 것처럼 느껴졌다. 마치 나를 지탱하던 큰 주춧돌이 빠진 것처럼.

 처음엔 이별의 아픔도 시간이 해결해 줄 것이라 생각했다. 평생 이렇게 아파하고 괴로워할 순 없으니까, 시간이 지나다 보면 결국 어느 순간엔 잊혀지겠지, 그러다 보면 다른 사람이 나타나 자연스럽게 새로운 사랑을 할 수 있겠지. 그렇게 옛사랑은 내 기억에서 잊혀져, 지워지거나 덮어쓰여질 거라고 생각했다. 하지만 이별을 겪을수록, 사랑을 잊는 것과 이별을 받아들이는 것은 전혀 다른 문제였다.
 헤어진 상대는 내 마음 한구석, 어딘가에 자신만의 공간을 가지고 고요히 머물렀다. 그는 더 이상 나와 함께 있지 않지만, 마음속 어딘가 여전히 그때 그 모습 그대로 멈춰 있다. 가끔 그리고 문득 찾아오는 기억의 파편 속에서 여전히 웃고, 때로는 울고 있었다. 그는 내 마음속에서 더는 움직이지 않지만, 절대 사라지지도 않았다. 그것은 마치 오래된 사진처럼 변하지 않은 채 자리하고 있는 것 같았다.

처음엔 이상하게 느껴졌다. 설마 아직도 미련이 남아 있어 그러는 건가, 아니면 해소되지 못한 감정이 있는 걸까, 왜 아직도 마음 한구석에 과거의 사랑을 담고 있을까 의문이었다. 그러나 시간이 지나면서 점점 이해하게 되었다. 내가 부여했던 사랑의 무게에 따라, 상대방은 내 마음에서 각기 다른 밝기의 빛을 품고 있다는 사실을 말이다. 내가 얼마나 사랑했는지, 얼마나 진심이었는지에 따라 각자에게 허락된 공간과 깊이가 달라지는 것이다.

짧았던 첫사랑을 가장 오랫동안 잊지 못하는 이유는 단지 첫 번째이기 때문은 아니다. 그때 내가 품었던 마음이 너무나 순수했고, 모든 감정이 처음이라 마음속에 더 깊이 새겨졌기 때문이다. 반대로 오랫동안 만난 사람과의 이별을 생각보다 쉽게 극복하며 잊을 수 있었던 건, 모든 것을 소진해 더 이상 그 사랑이 내게 간절하지 않았기 때문인지도 모른다. 그렇게 사랑의 기억들은 시간의 순서나 연애의 길이와는 무관하게, 내 마음이 부여한 무게와 깊이에 따라 희미하거나 또렷하게 각자의 자리를 지키고 있었다.

    헤어지고 시간이 지나, 이제는 정말 사랑하지 않는다고 확신하는 순간에도 왠지 모르게 마음이 허전할 때가 있다. 분명히 그 사람을 향한 마음이 예전 같지 않은데, 설명할 수 없는 공허함이 스며드는 순간들. 그게 과연 미련인지, 아니면 아름답게 각색된 추억을 내가 착각하고 있는 것인지 한동안 헷갈렸다. 결국, 그 감정의 정체는 내가 아직 내 안의 이별을 완전히 받아들이지 못한 감정이었다.

    이별이란, 그 사람을 잊는 순간이 아니라, 내 감정이 회복되는 순간에 비로소 끝나는 것일지도 모른다. 그래서 나는 더는 나를 다그치지 않기로 했다. 마음속에 남은 슬픔과 아픔을 억지로 밀어내려 할수록 오히려 마음속에 더 깊고 선명하게 자리 잡았기 때문이다. 아플 땐 아파하고, 슬플 땐 슬퍼하고, 눈물이 날 때면 흐르는 대로 두기로 했다. 그렇게 나의 감정들이 자연스럽게 지나가도록 기다려주는 법을 배우기로 했다.

그 과정을 통해 조금씩 나 자신을 들여다보기 시작했고, 누군가를 사랑하느라 온전히 나를 돌보지 못했던 시간들, 이제서야 그 시간을 뒤늦게 보상하듯, 나를 위로하고 이해하며 사랑하는 법을 알아갔다.

결국 사랑을 한다는 것은 타인을 통해 나 자신을 만나는 일임을 알게 되었다. 나는 누군가를 사랑하며 상처받고 아파하는 순간들 속에서, 내 안에 존재하는 수많은 감정의 조각을 발견하고 마주하게 되었다.

그렇게 사랑이 끝났다고 생각했던 순간에서야 진짜 사랑을 알아가기 시작했다. 잃은 줄 알았던 사랑은, 사실 내 안에서 다시 피어나기 위한 기다림이었다. 내가 누군가를 진심으로 다시 사랑할 준비를 하기 위해선 반드시 먼저 나 자신과 화해하는 시간이 필요하다는 것을 알게 되었다.

그래서 이제는 기다릴 수 있다. 누군가 새로운 사랑을 가져다주길 바라기보다, 나를 보듬고 아끼는 그 시간이 충분해 질때까지. 내 안의 내가 나를 사랑하고 이해할 때, 그 기다림의 끝에서 나는 다시 사랑을 시작하려 한다.

어쩌면 모든 사랑의 끝은, 또 다른 사랑을 위한 준비일지 모른다. 그 준비는 다름 아닌 나를 알아가고 돌보는 시간이라는 것을, 지금 깨닫고 있다. 결국 사랑은 끝없이 나와 마주하는 일이다. 그리고 언젠가 다시 시작될 그 사랑 역시, 늘 그렇듯 나로부터 시작될 것이다.

지금, 이 순간, 나는 조금씩 다시 나를 사랑하는 중이다.

4장 앞으로의 사랑, 나의 마음에게

- 쏟아내던 마음에서 균형으로

 사랑이라는 단어는 늘 복잡한 감정을 불러일으킨다. 돌아보면 내가 한 사랑들은 언제나 주는 것에서 시작했다. 나는 한 번 마음이 열리면, 내가 가진 모든 걸 쏟아부었다. 그게 내가 할 수 있는 사랑이었고 상대에게 아낌없이 내어주는 일에 익숙했다. 내게 돌아오는 사랑을 기다리기보다는 내가 줄 수 있는 기회를 찾았다. 주는 것은 사랑의 기본이라 생각하며 살아온 나는, 진짜 사랑은 조건 없이, 나를 희생하며 포용하는 것이라 여겼고 그렇게 하는 것이 나를 행복하게 한다고 믿었다.

 하지만 언젠가부터 그 넘치는 마음이 상대방에게는 부담으로 다가온다는 것을 깨달았다. 내가 주는 만큼 상대가 내 마음을 받아들이지 못하는 순간, 나의 사랑은 허공 속으로 스며들듯 사라졌다. 왜 이 사랑이 온전히 닿지 않을까, 상대는 왜 나의 마음을 있는 그대로 받을 수 없을까 고민하며 혼자 괴로워했다. 그렇게 조금씩 지쳐갔다.

 처음에는 내가 부족해서, 내가 미숙해서, 내가 매력이

없어서, 요령이 없어서, 그렇게 나는 내가 문제라 생각했다. 사귀고 헤어짐을 경험하며 온전히 '나' 자체의 문제가 아니었다는 걸 깨닫고 나는 나만의 방식으로 시행착오를 겪으며 나름의 성숙한 방향으로 나아갔다. 우리는 마음을 주고받는 방식이나 속도가 서로 달랐을 뿐이었다. 주고받는 사랑의 속도와 크기의 차이에서 나오는 갈등을 극복하지 못해 아픈 사랑을 반복했었다.

로켓 방정식이라는 이론이 있다. 로켓이 더 빠르게 위로 올라가기 위해서는 연료를 많이 실어야 한다. 하지만, 연료의 무게가 증가할수록 로켓 전체 무게도 증가해 결국, 연료가 더 필요해지는 딜레마이다. 우리의 관계는 로켓이었고 나의 사랑은 연료였다. 내가 사랑을 더 쏟아부을수록 불꽃처럼 타올라 더 깊어질 줄 알았던 관계는 앞으로 나아가지 못하고 그렇게 연료만 태우며 가라앉고 있었던 게 아닐까 한다.

다시 사랑을 시작하게 된다면 이전과는 다르게 하고 싶다. 마음을 주체할 수 없어 있는 그대로 쏟아낸 결과는 좋지 않았으니까. 내 마음만 생각하는 게 아닌, 상대와 나의 적절한 마음의 무게를 찾아가며 미래를 함께 그려 보고 싶다. 서로에게 향한 마음의 크기는 늘 똑같을 수 없으니까.

사랑이란 게 억지로 마음을 맞추려다 보면 어그러지고 그렇다고 여과 없이 쏟아낸다면 우리는 앞으로 나아가지 못하고 결국 추락해버릴 것이다.

 그렇기에 사랑은 어렵다. 하지만 언젠가 시작할 사랑 앞에서는 후회 없이, 그러나 조금 더 현명하게 지난 경험을 반추 삼아 전과는 다르게 해보자고 다짐한다. 물론 그 다짐은 막상 간질거리는 감정이 다시 시작되는 순간, 내가 계획한 대로, 마음먹은 대로 되지 않을 것을 안다. 그래도 인지하고 있다는 것만으로도 다행이다. 종잡을 수 없는 감정 속에서 흔들리더라도 다시 일어날 수 있는 지표가 내 마음속에 생겼다. 나는 다음 사랑이 끝 사랑이 되길 바란다.

- 사랑의 모양을 찾아

 사랑은 대체 어떤 모양일까? 살아가며 우리는 수많은 사랑의 모습을 마주한다. 그러나 결국 마음 깊은 곳에서 바라는 것은 '진심'이 담긴 사랑이 아닐까 싶다.

 내가 생각하는 사랑은 서로를 마주 볼 때 긴장보다 편안함이 흐르고, 가끔은 이유 없이 웃음이 터져 나오는 그런 자연스러운 관계이다. 조건이나 외모, 혹은 사회가 만들어 낸 기준들이 아니라 서로의 내면을 알아보고 귀히 여길 줄 아는 사람, 작은 행동이나 말에서도 진심 어린 배려가 묻어나는 사람을 만나고 싶다.

 삶이란 늘 아름답고 행복하지만은 않다. 가끔은 너무 빠르고 복잡하게 흘러가기도 하고, 때로는 외로운 길을 걷는 순간도 찾아온다. 그럴 때 곁에서 따뜻하게 위로해 주고 서로에게 든든한 쉼터가 되어주는 사랑은 무엇보다 소중하다. 바쁜 일상에서도 소소한 행복을 놓치지 않고 서로의 하루에 관심을 가지며 작은 대화를 이어가는, 그런 관계를 꿈꾼다.

사랑은 서로가 마주한 현실을 부정하지 않으면서도, 함께라면 조금 더 나은 내일을 상상할 수 있게 해준다. 어려운 순간에도 무너지지 않도록 서로에게 용기와 힘을 나눠주는 마음, 서로를 있는 그대로 인정하고 이해해 주는 마음 그리고 실수나 부족함까지도 사랑으로 감싸주는 포용은 오랜 사랑을 가능하게 하는 가장 큰 힘일지도 모른다. 거창한 이벤트보다 일상의 소소한 순간들을 함께 기억하고 쌓아가는 일이야말로 진정한 사랑의 모습일 것이다.

내가 꿈꾸는 사랑은 언제나 빛나는 환상 같은 것이 아니라, 일상의 작고 사소한 순간 들에 머물러 있다. 함께 있을 때의 평범함, 서로를 바라볼 때 느끼는 평온함, 별다른 이유 없이도 미소 지을 수 있는 그 소박한 행복에 나는 더욱 의미를 두고 싶다. 화려한 순간들만을 좇는 사랑이 아니라, 평범한 순간마저도 특별하게 만드는 것이 진정한 사랑이라는 생각이 든다.

결국 사랑이란 화려한 선언이나 대단한 약속이 아니라, 매일 서로의 손을 놓지 않는 작고 진심 어린 행동들의 연속이며, 그 연속이 쌓여 견고한 관계를 만들어가는 과정이 아닐까.

이 모든 생각이 너무 이상적이라, 현실에서는 이뤄지기 힘들 거라 말할지도 모른다. 하지만 바랄 수는 있으니까.

어쩌면 이상을 바라는 마음조차 사랑의 한 과정일지 모른다. 각자 생각하고 바라는 사랑의 모양은 다양할 테니, 시간이 흐르며 경험이 쌓이는 만큼, 그 속에서 내가 원하는 사랑의 모습도 조금씩 다듬어지고 완성 시켜 나가려 한다.

- 숨기지 않고 사랑받고 싶어서

 나는 늘 솔직한 사람이 되고 싶었다. 가식 없이 내 감정을 표현하고, 상대에게도 꾸밈없는 내 모습을 그대로 드러낼 수 있기를 바랐다. 하지만 좋아하는 사람 앞에서만큼은 늘 어딘지 불안하고 조심스러워졌다. 상대가 원하는 나의 모습, 듣고 싶어 할 말을 자꾸만 골라 표현하다 보면 어느 순간 진짜 내 모습이 흐릿해지는 기분이 들었다.

 사랑이 뭐라고 생각하냐는 질문에 사람들은 흔히 이렇게 답하곤 한다.
 "있는 그대로의 나를 받아주는 것"
 "나 자신으로 있어도 괜찮은 것"
 "나를 더 나답게 만들어주는 사람"
 다 맞는 말이고 그 모든 말의 중심엔 결국 '나'가 있다. 나를 더 잘 아는 것, 그것이 사랑의 시작인 걸 조금 늦게 깨달았다.

 과거의 나는 나보다 상대가 먼저였다. 연인 사이의 예의나 배려라고 믿었고, 상대를 위해서라면, 남녀 사이에 끌림을 유지하려면, 좋은 게 좋은 거니까 그 정도는 기꺼이 감수해야 한다고 생각했다. 하지만 시간이 갈수록 그 꾸밈이 나를 지치게 하고 결국 자신을 잃어버리게 했다. 그래서 제대로 된 사랑을 하지 못했다. 사랑이라는 이름으로 나를 속이고 계속 또 다른 나를 덧씌우다 보면, 결국 서로에게 기대했던 진실하고 깊은 관계는 허상에 그치고 말았다.

앞으론, 사랑 앞에서 더 이상 나를 숨기고 싶지 않다. 처음 내가 바랬던 대로 있는 그대로 있어도 괜찮고 싶다. 진짜 나의 모습으로, 때로는 서툴더라도 그 자체로 사랑받고 싶다. 나를 더 나답게 만들어주는 사람을 기다리기보다, 먼저 나 자신을 있는 그대로 받아들이는 것. 그게 진짜 사랑을 시작하는 첫걸음이지 않을까?

- 당신이 어디서든 잘 살기를

 누군가는 우스개로 전 남자, 여자친구는 죽었다고 가볍게 말한다. 어떤 사람은 이별한 옛 연인을 마음속에서 죽은 존재로 여기라고 한다. 더 이상, 이 세상에 없는 사람, 다시는 만날 일도 엮일 일도 없다고 말이다. 그래야 앞으로 나아가 새로운 사람도 만날 수 있다고 한다.
 하지만 나는 그 말에 고개를 끄덕일 수 없었다. 그 사람이 이 세상에 없다는 것, 그 상상만으로 가슴이 이상하게 먹먹하기 때문이다. 이미 끝난 인연이고 나 또한 이별을 극복하고 잘 지내고 있는데도, 그 사람의 죽음을 상상하면 마음이 울렁였다. 한때는 내가 이렇게 힘든데 너는 어쩜 그렇게 잘 지내냐며 원망하기도 했는데, 이제는 그저 잘 지내기를 바란다. 헤어지면서 마음속에 남은 건 후회보다 감사가 더 크다. 그래서 다행이다. 돌아보면 그 사람은 나에게 온전히 사랑할 기회를 주었고, 나도 누군가를 조건 없이 사랑할 수 있다는 걸, 그런 사랑을 할 줄 아는 사람이라는 걸 알게 해주었다. 불가능할 것만 같았던 일이 내게 일어난 것이다. 그만큼 사랑했기에 헤어지면서 큰 상처를 받았지만, 내가 이런 사랑도 할 수 있다는 것을 알게 되었다.

또 오히려 다행이라고 생각한 점이 있다면, 내가 사랑했던 사람을 잃은 것이지, 나를 깊이 사랑해 주었던 사람을 떠나보낸 건 아니라는 사실이다. 만약 나를 깊이 사랑해 주었던 사람을 내가 떠나보낸 거였다면, 그건 아마 내 인생에 오래도록 지워지지 않을 큰 후회가 되었을 것이다. 그리고 마음속에 아주 오랫동안 미련과 후회가 남았을 것 같다. 그래서 내가 사랑을 쏟을 기회를 얻게 된 것이 다행이라 생각한다.

결국 그 모든 것이 고마움으로 남아, 이제는 전과 다른 성숙한 사랑을 할 수 있을 것 같다. 내가 한때 그렇게 깊이 사랑했고 또 사랑받았다는 사실만으로도, 그 인연은 내 삶 속에서 오래도록 소중한 추억으로 간직할 것이다.

한 사람을 무조건적으로 사랑했던 그 경험을 준 사람, 그 사람의 삶이 어디에서든 잘 이어지고 있다면, 그걸로 다행이다. 내가 사랑했던 사람이 어딘가에서 잘 살길 바란다. 과거의 사랑이지만 불행하지 않길 바란다. 우리가 헤어졌지만 그럼에도 행복하길 바란다.

- 시작할 마음이 생겼다는 것

 사랑이란 언제 시작되는 걸까. 마음이 요동치고, 설레는 감정이 넘쳐흐를 때? 아니면 모든 상처가 아물고, 준비가 완벽히 끝났을 때? 내가 생각하는 사랑은, 준비된 상태에서 시작되는 것이 아니라 오히려 완벽히 준비되지 않은 채로 찾아오는 예측 불가의 사건이다. 그래서 설레고, 때로는 가슴 아프다.

 그러나 막상 그 시작 앞에 서면, 주저하게 된다. "이 정도의 마음으로 누군가를 만나도 될까?" 만나면 적당히 즐겁고, 적당히 호감이 가고, 적당히 시간이 흘러간다. 그렇지만 '적당히'라는 말이 사랑의 시작으로 충분한 감정인지 확신할 수 없다. 사랑은 거대한 불꽃으로 시작되어야 하는 게 아닐까? 처음부터 잔잔하게 시작해도 되는 걸까? 혹시나 상대에게 상처 줄까 두렵고, 이 모든 게 상대에 대한 예의가 아닌 것 같아 망설여진다.
 그러나 마음 한편에서는 조심스럽게, 전에는 시작이라는 걸 상상조차 할 수 없었는데, 이제는 '시작할 마음'이 생겼다는 희망이 있다. 그것만으로도 나는 어쩌면 이미 많이 나아온 걸지도 모른다.

우리는 종종 지난 사랑으로부터 받은 상처 때문에 또다시 상처받을까 봐 새로운 사랑 앞에 망설이곤 한다. 이별이 두려워 마음을 닫으면 상처받지 않을 수 있지만, 동시에 행복해질 기회 또한 놓치게 된다는 사실을 외면하고 싶어진다. 그렇지만 결국엔, 사랑을 피한다고 해서 아픔이 없는 삶이 보장되진 않는다.

그러니, 아직 확신이 없어도 괜찮지 않을까, 이 마음이 완벽하지 않아도, 상대를 알아가고 싶은 진심만 있다면 그걸로 시작할 자격은 충분하지 않을까. 사랑이란 처음부터 정답을 아는 시험이 아니라, 함께 서로에게 맞는 답을 찾아가는 과정일지도 모른다.
나는 지금, 내 마음이 흘러가는 방향을 가만히 바라보려 한다. 그리고 조금은 불안해도, 그 마음을 따라 작은 걸음을 내디뎌보려 한다.

- 그럼에도 불구하고

 사랑은 언제나 예고 없이 찾아온다. 처음은 감정의 불꽃으로 시작되지만, 시간이 지날수록 서로의 노력과 이해가 쌓여야만 관계는 견고해진다. 영화 '헤어질 결심'에서 처럼, 사랑에 빠질 때는 의도적인 결심이 필요 없지만 관계를 끝낼 때는 오히려 분명한 결단이 필요하다는 말이 그래서 와 닿는다.

 몇 번의 연애를 통해 알게 된 사실이 있다. 나의 진심이 반드시 좋은 결과로 이어지는 것은 아니라는 것. 상대에게만 집중하고 나를 잃어버린 사랑은 끝내 실패로 돌아온다는 것. 그럼에도 그것을 '내가 할 수 있는 최선을 다했다'라고 착각한 채, 왜 후회가 남는지조차 알지 못했던 시간이 있었다. 돌이켜보면, 내가 미처 알아채지 못했을 뿐 진심으로 나를 아끼고 사랑해 준 사람도 있었다. 이 모든 순간 속에서 관계는 반복해서 시작되고, 또 끝나곤 했다. 결국 사랑은 만남과 함께 찾아오지만, 끝에는 늘 헤어질 결심이 남았다.

 연인이라는 관계는 대체 무엇일까. 가족과 닮았지만 언제나 타인이 될 수 있고, 그러면서도 서로의 가장 솔직한 모습을 드러내는 관계. 늘 좋은 모습만 보여주고 싶으면서도 결국은 있는 그대로의 모습을 봐주었으면 하는, 그 모순 속에 존재하는 관계이다.

앞으로 내가 하고 싶은 사랑은 무엇일까. 아마도 '그럼에도 불구하고'가 선반 되는 마음일 것이다. 나의 바람과 욕심을 뒤로 두고 한 사람을 위해 기꺼이 내어줄 수 있는 마음. 상대의 있는 그대로를 받아들이며, 부족함과 결점마저 함께 안아줄 수 있는 마음. 사랑은 '이 사람이어야만 해'라는 절박함보다는 '그냥, 너라서 좋아'라는 담백함에 더 가까울지 모른다. 곁에 있을 때 내가 소중한 존재라는 걸 느끼게 해주고, 서로를 더 나은 사람으로 이끌어주는 관계. 결국 사랑은 그럼에도 불구하고 이어지는 감정, 그리고 그럼에도 불구하고 곁에 남기로 선택하는 것, 그 선택 속에서 함께 성장해 가는 과정일 것이다.

- 잘하고 싶지만, 애쓰진 않기로 해

 누구나 마음을 다해 사랑했던 기억 하나쯤은 간직하고 있을 것이다. 그때는 우리가 함께하는 모든 것이 아름답고 완벽하게만 보였고, 그 사람을 위해서라면 무엇이든 할 수 있을 것 같은 자신감이 있었다. 진심을 다해 사랑했기에, 이별은 상상조차 하지 못했다. 헤어진 뒤에, 분명 나는 내가 할 수 있는 최선을 다했음을 알고 있었지만, 마음속에 아쉬움과 후회가 남았다. 강렬하게 사랑했던 사람은 주변에서 뭐라 하든, 이별 후 마음속에 더 오랫동안 남았다.

 그렇게 사랑이 끝난 후 남겨진 자리에 찾아오는 건 언제나 낯설고 차가운 공허함이었다. 그 순간 세상은 쉽게 색을 잃어버리고, 다시는 회복되지 않을 것 같은 절망 속에 갇히고 만다.

 그 후 우리는 다짐한다. 다음엔 더 현명하게 그리고 조금은 덜 아프게 사랑해야지. 저번과는 달리 좀 더 성숙하게 대처해야지, 이번엔 덜 아프고 싶으니까.
 하지만 사랑이라는 건 늘 우리의 계획이나 다짐과는 다

르게 찾아오고 흘러간다. 그렇기에 너무 애쓰며 사랑하지 않아도 된다. 노력과 애씀 사이의 작은 차이가 결국은 우리의 마음을 버겁게 할 수 있으니까. 무리하게 버티다가 크게 넘어지면, 다시 일어설 힘을 잃을지도 모른다.

아직 마음속에서 놓지 못한 손이 있다면 무작정 애쓰며 놓으려 하지 말자. 서두르지 않아도 된다. 그저 천천히 놓아가는 연습을 하면 된다. 그 과정이 처음엔 아프고 쓰리겠지만, 그 아픔조차 언젠가는 옅어진다. 아픔이 찾아올 땐 외면하지 말고 마음껏 슬퍼해도 괜찮다. 충분히 슬퍼하고 아파하고 나면, 그 자리에서 스스로 위로하고 소중히 여기고 싶은 마음이 조금씩 피어나기 시작할 테니까.

내가 나의 가치를 알아가다 보면, 언젠가는 다시 사랑할 용기가 생길 것이다. 물론 지난 아픔과 기억이 떠올라 쉽게 다가가지 못할 수도 있다. 좋아하는 마음을 드러내기 겁이 나고, 또 상처받을까 두려워할 수 있다. 그래도 이번에는 섣불리 도망치지 않았으면 한다. 사랑이란 결국은 설렘만으로 시작하는 게 아니라, 두 사람이 서로의 미래를 함께 바라보며 걸어가기로 결심하는 용기에서 출발하기 때문이다.

시간이 흐르며 사랑은 격렬했던 감정의 파도를 지나 잔잔해 진다. 처음의 강렬한 떨림이 희미해지면 그 잔잔해진 자리에 더 깊고 단단한 신뢰와 편안한 애정이 채워진다.

그러니 이제 너무 애쓰며 사랑하려 하지 않아도 된다. 애쓰지 않아도, 사랑은 다시 찾아온다. 그저 조용히 마음을 열어두고 기다려 보려한다. 사랑은 언제나 뜻하지 않은 순간에 우리 곁에 다가올 테니까.

우리는 조금 서툴렀을 뿐이야

지은이 슬아로이

1판 1쇄 발행 2025년 9월 1일

1판 2쇄 발행 2025년 9월 30일

디자인 박지은

펴낸곳 네버더리스

인쇄 (주)매일원색

이메일 slaroi486@gmail.com

ISBN 797-11-994317-2-0

이 책은 저작권법에 의하여 보호를 받는 저작물이므로 무단 전재 및 복제를 금지합니다.

이 책의 전부 및 일부를 이용하려면 이메일로 출판사의 허락을 구해야 합니다.

가격은 뒤표지에 있습니다.